I0783399

Decifrando o Autismo

Mégui Bassani

Edição 2024

Arte Bernardo Brandão

Imagens Bernardo Brandão

ISBN: 9798321007136

Dedico este livro a todas as famílias e crianças que enfrentam o autismo como um desafio diário. Não é uma sentença, mas um novo começo. Um começo onde, antes de tudo, precisamos nos reencontrar para, em seguida, guiar nossas crianças em direção ao máximo de seu desenvolvimento.

Devemos lembrar que, dentro do espectro do autismo, há uma riqueza de experiências, perspectivas e talentos únicos. Devemos estar abertos a aprender com os autistas, apreciando sua espontaneidade, sua visão singular do mundo e o amor mais puro que pode existir.

Quero dedicar especialmente a meu filho Bernardo, que me proporciona a incrível descoberta diária da melhor parte que existe em mim. Ao nosso caçula Ethan, pela sua sensibilidade, por todo o apoio que presta ao seu irmão, sendo muitas vezes um mini terapeuta. E a Michel, meu marido, por fazer parte ativa desta nossa jornada, fortalecendo nossa família e trilhando este caminho conosco.

Que este livro possa servir como uma fonte de conhecimento, inspiração e apoio para todos aqueles que buscam compreender melhor o autismo e ajudar suas crianças a trilhar um caminho de crescimento, desenvolvimento e realização. Juntos, podemos construir um futuro mais inclusivo e acolhedor para todas as pessoas, independentemente de onde estejam no espectro do autismo.

Mégui Bassani

Decifrando o Autismo

Índice

Figura 1 Copyright© Bernardo Brandão

Decifrando o Autismo:

Uma Jornada de Compreensão e Esperança

O autismo é um enigma que há muito desafia nossa compreensão. Um novo estudo indica que a prevalência do autismo é de 1 a cada 30 crianças e adolescentes de 3 a 17 anos. (fonte Jama Pediatrics 01/03/2022. (Prevalence of Autism Spectrum Disorder Among Children and Adolescents in the United States From 2019 to 2020 | Autism Spectrum Disorders | JAMA Pediatrics | JAMA Network)

Embora a causa exata do autismo ainda seja um mistério, sabemos que fatores genéticos e ambientais desempenham um papel importante em sua manifestação. Para desvendar os segredos do autismo, é fundamental examinar atentamente seus sintomas e comportamentos característicos. Entre esses traços comuns estão a dificuldade em estabelecer contato visual, a ausência de habilidades sociais, comportamentos repetitivos e interesses restritos. No entanto, é importante ressaltar que cada pessoa dentro do espectro autista é única, e suas experiências podem variar amplamente.

A empatia e a compreensão são pilares essenciais quando se trata de interagir com pessoas autistas. Este livro, é uma exploração profunda desse transtorno do desenvolvimento neurológico que afeta a comunicação, a interação social e o comportamento. E busca promover a conscientização e a compreensão do autismo, *fornecendo informações valiosas sobre como ajudar pessoas com autismo a se comunicarem e se relacionarem melhor com o mundo ao seu redor.*

Terapias comportamentais, fonoaudiologia e terapia ocupacional são ferramentas importantes para o desenvolvimento de habilidades sociais e de comunicação. *E com o devido empenho podemos aplicar essas técnicas em casa.*

Com o apoio adequado, as pessoas dentro do espectro têm o potencial de alcançar um desenvolvimento pleno e levar vidas satisfatórias.

"Decifrando o Autismo" não é apenas a história de uma criança autista; é um testemunho do poder do empenho e da confiança na capacidade das crianças autistas de emergirem. Convidamos você a embarcar nesta jornada de compreensão e esperança, para desvendar os mistérios do autismo e fortalecer a inclusão e o apoio às pessoas dentro desse espectro único e diversificado.

A Gravidez

Aos 32 anos, após 8 anos de casados, finalmente a notícia que tanto ansiávamos chegou - eu estava grávida. Foi um momento de pura alegria e emoção que preencheu nossos corações. Desde o instante em que descobrimos a gravidez, nosso amor por esse pequeno ser começou a crescer a cada dia. Ele era profundamente desejado e amado desde o início, e mal podíamos conter a ansiedade para tê-lo em nossos braços. Essa notícia também foi recebida com grande felicidade por nossos familiares, pois além de ser nosso primeiro filho, ele seria o primeiro neto da família.

Com a alegria, veio a responsabilidade de garantir uma gestação saudável. Cuidamos meticulosamente de cada detalhe, desde a alimentação até os cuidados médicos. Seguimos rigorosamente todas as orientações do obstetra e asseguramos que estávamos fazendo o melhor para o nosso bebê. Embora tenhamos enfrentado alguns desafios, como a anemia que persistiu durante toda a gravidez e a deficiência de vitamina D, fomos prontamente tratados e acompanhados de perto pelos profissionais de saúde. Essas preocupações não diminuíram em nada nosso amor e dedicação ao nosso filho em desenvolvimento.

Durante esses meses, vivemos momentos de pura felicidade e ansiedade. Cada ultrassom, cada movimento do bebê dentro de mim, era motivo de celebração. A cada consulta médica, escutávamos o som do coraçãozinho batendo forte, enchendo-nos de esperança e gratidão.

A maior parte da gestação transcorreu tranquilamente. Sentia-me abençoada por poder carregar essa vida dentro de mim e estava determinada a fazer tudo ao meu alcance para garantir seu bem-estar. A cada dia, meu amor por esse pequeno ser crescia ainda mais. No sétimo mês de gravidez, fiz o exame de glicemia, um teste de rotina. Infelizmente, nesse exame, foi diagnosticado diabetes gestacional. Foi um momento de preocupação, mas estávamos determinados a cuidar de minha saúde e do bem-estar do nosso bebê.

A partir desse ponto, passei a controlar minha glicemia cinco vezes por dia, com disciplina e acompanhamento médico rigoroso. Era essencial manter a glicemia sob controle para garantir uma gestação saudável.

Na reta final da gravidez, percebemos que o bebê estava crescendo muito, e após uma consulta com a obstetra que estava acompanhando a gravidez, decidimos seguir seu conselho, e optamos por uma cesariana. Com exatas 39 semanas, Bernardo nasceu no Hospital de Passo Fundo (HSVP).

Foi um momento muito emocionante e especial, com a presença de meu marido na sala de parto acompanhando ao nascimento.

Todos os marcos do nascimento foram ótimos. A equipe médica foi incrível, cuidando de nós com profissionalismo e carinho. Bernardo nasceu saudável e cheio de vida, trazendo mais alegria para a nossa família. Desde o momento cm que o seguirei pela primeira vez em meus braços, sabia que minha vida tinha mudado para sempre.

O Nascimento

Nos primeiros dias na maternidade, com Bernardo em meus braços, nos deparamos com os primeiros desafios. Durante minha recuperação da cirurgia, tentei amamentá-lo, mas ele não conseguia pegar o peito. Inicialmente, os profissionais de saúde atribuíram essa dificuldade à possibilidade de glicemia alta, o que não nos preocupou muito naquele momento.

Entretanto, no quarto, foi feito o teste da linguinha e nos explicaram que Bernardo estava com a língua presa. Recomendaram a realização de uma frenectomia para soltar a língua, permitindo uma melhor sucção durante a amamentação e evitando futuros problemas com a fala.

Essa notícia foi um tanto assustadora, pois não esperávamos enfrentar esse desafio logo nos primeiros dias da vida do Bernardo. Contudo, confiamos na equipe médica e sabíamos que era fundamental agir em prol do bem-estar e do desenvolvimento saudável de nosso filho.

A frenectomia foi realizada quando ele tinha apenas 2 dias de vida. No entanto, mesmo após o procedimento, Bernardo ainda não conseguia pegar o peito devido à dor causada pelo corte na língua. Uma enfermeira nos trouxe uma máquina elétrica do banco de leite do hospital, permitindo que eu extraísse o leite para alimentá-lo no copinho. Continuamos esse sistema em casa, enquanto eu persistia na tentativa de amamentá-lo normalmente, pois sempre desejei essa ligação especial com meu filho.

Durante um mês, essa rotina persistiu, até que finalmente, após 30 dias, Bernardo começou a mamar sozinho, e a saga da extração havia terminado. Foi um alívio, pois em 22 dias tínhamos uma viagem marcada. Estávamos nos mudando para outro país, a Itália. A amamentação gradualmente se tornou um processo natural, em livre demanda, e continuou até os 3 anos de idade de Bernardo.

Esses primeiros momentos com Bernardo foram marcados por desafios superados com amor, perseverança e apoio mútuo. Cada passo dessa jornada nos fortaleceu e nos preparou para os desafios e as alegrias que estavam por vir.

Na Itália....

Chegando na Itália, a primeira coisa que fizemos foi procurar uma pediatra para acompanhar o desenvolvimento de Bernardo. Nos primeiro controles aos 3 meses e 6 meses, tudo estava normal. Ele se desenvolvia dentro da curva. Porém, aos 9 e 12 meses, já apresentava alguns atrasos. Não acenava, ou mandava beijo, e não respondia ao nome, isso era justificado pelo fato de estarmos sozinhos. E ele não ter contato com outros familiares.

Aos 18 meses ele acumulava atrasos. Ainda não falava, víamos crianças mais pequenas que ele que se comunicavam perfeitamente. Mas todos ao nosso redor explicavam que meninos demoram mais a falar. Que bilingues demoram mesmo pra falar, e que eu o mimava demais por isso ele não falava. Isso colocava um grande peso nas minhas costas. Comecei a pesquisar atrasos na fala, e descobri o sistema de pecs para ensinar a falar. E com imagens desenhadas e escritas ele começou a nominar as coisas. Impressionantemente aprendeu todas as cores, letras e números primeiro em inglês e depois em italiano. Conseguia reagrupar o alfabeto na ordem certa.

E com 2 anos e meio ele escreveu a primeira palavrinha com letrinhas no chão da nossa casa.

Outros Sinais

Desde bebê, nosso primogênito demonstrava um talento notável para reconhecer os caminhos da cidade. Quando saíamos para passear, ele apontava as ruas com o dedinho indicador, como se tivesse seu próprio GPS interno. Essa habilidade surpreendia até mesmo nossos familiares.

No entanto, essa habilidade também tinha seu lado desafiador. Se precisássemos mudar o caminho para algum lugar, ele entrava em desespero e começava a bater a cabeça. Era importante estarmos sempre atentos, pois ele não tinha noção de perigo naquela época (e ainda hoje precisa de supervisão constante).

Para evitar essas crises se precisássemos ir ao supermercado eu nunca passava pela rua onde tinha o parco que ele costumava brincar, sem querer acabamos estimulando a sua rigidez comportamental, os seus rituais, pois se na saída de casa virássemos a direita ele já programava seu GPS interno e já sabia onde deveríamos ir. Porém se nos esquecíamos e fazíamos um percurso um pouco diferente já desencadeava uma crise.

Outro ritual era que a primeira pessoa que ele deveria ver quando acordasse era eu. Durante nossos passeios, se por acaso ele se adormecesse no carrinho e acordasse, eu precisava estar prontamente disponível. Se ele não me visse imediatamente, era garantia de um choro inconsolável. Ele não conseguia ficar sem mim e tinha uma necessidade constante de me ter por perto. Eu não podia sair de seu campo de visão, pois somente eu conseguia acalmá-lo.

Mesmo agora, em seus momentos de crise mais intensa, continuo sendo seu ponto de referência e a pessoa que consegue tranquilizá-lo. Essa ligação especial entre nós é algo que sempre esteve presente em sua vida.

Bernardo sempre demonstrou uma sensibilidade extraordinária aos estímulos sensoriais ao seu redor. Seu ouvido aguçado captava sons que muitas vezes passavam despercebidos para os outros. Mesmo quando parecia que ele não estava prestando atenção, ele estava absorvendo e processando diversas informações sonoras ao mesmo tempo. Quando era bebê, o som da campainha do telefone ou do interfone, ou até mesmo certas músicas, podiam desencadear intensas crises de choro. Por causa dessas crises, meu telefone ficava sempre no silencioso, e aviamos desligado a campainha da casa.

Além da sensibilidade ao som, ele também tinha uma hipersensibilidade ao toque. Muitas vezes, desconfortos eram causados por texturas ou tecidos específicos que ele não conseguia tolerar. Uma simples etiqueta em uma peça de roupa poderia desencadear uma grande agitação.

As trocas de roupa eram muito difíceis, pois ele não gostava de trocar, se gostava de uma roupa ele queria ficar sempre com a mesma, para lavar, eu tirava enquanto ele dormia, e tentava lavar e secar antes dele acordar.

Suas brincadeiras eram peculiares. Sempre usava os brinquedos em um modo particular. Era fortemente atraído por rodinhas que giravam. Compramos bicicleta e triciclo para ele, mas não se interessava em andar, preferia girar as rodinhas. Com isso diziam que ele iria ser engenheiro, ou mecânico, que estava tentando descobrir como funcionavam.

As imagens também provocavam sensações peculiares em Bernardo. Algumas imagens o deixavam triste ou confuso, enquanto outras pareciam capturar sua atenção de maneira intensa. Ele tinha a capacidade de identificar detalhes minuciosos que muitas pessoas nem sequer percebiam.

Hoje, compreendemos que essas sensibilidades fazem parte de um transtorno do processamento sensorial, algo que não podíamos imaginar naquela época. Essas peculiaridades sensoriais eram apenas uma das muitas características que tornavam Bernardo único e especial em sua própria maneira.

As crises intensas e as agressões eram uma parte desafiadora da época das birras, conhecida como "terrible two". Quando Bernardo se sentia contrariado ou frustrado, ele expressava sua angústia arranhando quem o pegasse no colo e, às vezes, batendo a cabeça em objetos próximos. Chegou até a ficar com galos na cabeça por causa das batidas.

Lembro-me de um incidente em particular, quando ele se recusou a entrar em casa após um passeio. Queria continuar na rua, e a transição de uma atividade para outra sempre foi um desafio para ele. Ele entrou em casa chorando e, em um momento de intensa frustração, bateu a cabeça em uma porta com janelinhas de vidro, quebrando o vidro com a força do impacto. Felizmente, ele não se feriu fisicamente, mas essa cena deixou uma marca profunda em minha mente.

A partir desse dia, comecei a antecipar cada ação e reação de Bernardo. Estava sempre atenta aos mínimos sinais, como movimentos dos olhos ou mudanças na respiração, que indicavam quando ele estava prestes a entrar em uma crise. Com o tempo, essa habilidade de antecipação se aprofundou e se tornou mais eficaz. Hoje, consigo identificar os dias em que posso deixá-lo caminhar sem dar a mão na estrada ou quando está prestes a enfrentar uma crise, tornando nossa convivência mais tranquila e segura.

Estimulando a Fala

Aos 2 anos, comecei a ensinar Bernardo usando um sistema inspirado no PECS (Sistema de Comunicação por Troca de Figuras). Minha abordagem consistia em nomear as coisas, pessoas e animais desenhando e escrevendo seus nomes. Eu fazia isso em casa com folhas de papel e canetinhas, e no parque, usava giz. Usava também imagens de revistas e jornais de publicidade de supermercado.

Comecei pelos animais, já que despertavam muito interesse nele, e isso nos permitia explorar os sons dos animais. Que eram divertidos e fáceis de serem replicados. Foi com os sons dos animais que ele começou a emitir sons, o que já foi um alívio, pois já sabíamos que ele poderia emitir sons.

Concentrei-me em ensinar palavras concretas e de fácil compreensão, que faziam parte do seu dia-a-dia, como leite, água, copo, pão e tantas outras coisas que ele pudesse precisar.

Pegava as imagens das revistas, e as recortava, e ia mostrando e fazendo sons divertidos, ou inventando uma canção com a imagem que eu mostrava, tudo para capturar a sua atenção.

Essa abordagem despertou cada vez mais o interesse dele pelas letras. Além disso, usávamos músicas desde quando ele era bem pequeno. Lembro-me de sua canção de ninar favorita, que era o alfabeto inglês.

À medida que ele reconhecia mais imagens, eu desenhava várias delas e perguntava uma e ele deveria indicar. Ele respondia muito bem a essas perguntas. Com o tempo, as perguntas se tornaram mais elaboradas, como quantas borboletas, de que cor, ou qual delas estava mais próxima.

Quando chegou a hora de nomear os membros da família, ele aprendeu rapidamente a nomear "papà", "tatatino" (seu irmãozinho que estava a caminho) e "bebe" (ele mesmo). Ele usou "bebe" para se referir a mim por alguns meses.

Somente por volta dos 3 anos, ele começou a me chamar de "mamma". Um momento muito esperado. E finalmente eu comecei a ouvir meu primogênito me chamando de mãe.

Ele também gostava de jogos de palavras, como quando eu mencionava o masculino e ele respondia com o feminino, ou quando eu dizia o singular e ele respondia com o plural. Mas naquela época não sabíamos que essa fala não era funcional, mas estávamos mais tranquilos pois, ele falava. Falava coisas do seu interesse, repedia palavras, mas falava...

Conseguimos desenvolver sua fala sem uma intervenção especializada, somente com o esforço de uma mãe que queria tanto ouvir o som da voz do seu primeiro filho. Embora ainda não fosse totalmente funcional, sabíamos que ele tinha a capacidade de falar. Foi um progresso notável durante aquele período, dos 2 anos e meio até os 3 anos.

Figura 2 Copyright© Bernardo Brandão

Segunda Gravidez

Nessa fase, enquanto Bernardo tinha 2 anos e meio, descobri uma nova gravidez, o que coincidiu com um período em que suas crises estavam se intensificando. Ele reagia com mais intensidade ao som da campainha ou quando meu celular tocava. Sua rigidez também aumentou, e passeios se tornaram um desafio, pois tínhamos que seguir sempre o mesmo trajeto, senão ele chorava e se debatia. Trocar sua roupa era uma tarefa difícil. Mas todas essas dificuldades eram frequentemente atribuídas aos "terrible two" (a fase dos terríveis dois anos) ou ao ciúmes do irmãozinho que estava a caminho. As dúvidas e preocupações em minha mente continuavam a crescer.

Apesar dos desafios, continuei com a estimulação em casa, e a cada dia Bernardo nos surpreendia mais. Ele já conseguia ler perfeitamente, e minha mãe dizia que ele havia "puxado" isso de mim, pois eu também comecei a ler muito cedo.

Para contar sobre a chegada do irmãozinho tive a ideia de comprar um boneco, já sabíamos que seria um outro menino. E eu brincava com ele com o bonequinho criando situações para explicar como seria com o novo bebê e como ele poderia se comportar. Bernardo chamava o boneco de "Tatatino," seu modo de dizer "fratellino" (irmãozinho em italiano).

Quando Ethan nasceu Bernardo já havia 3 anos e 4 meses A ligação entre eles foi instantânea. Bernardo era o primeiro a chegar quando seu irmão chorava, enchendo-o de beijos e carinhos. Esse momento trouxe uma nova dinâmica à nossa família, e a conexão entre os dois irmãos era uma fonte de alegria e carinho em meio às nossas preocupações.

Figura 3 Copyright© Bernardo Brandão

A Comparação

Agora, com duas crianças em casa, começamos a notar as diferenças em seus desenvolvimentos. Muitas pessoas diziam que todas as crianças são diferentes, e que o segundo filho costuma se desenvolver mais rapidamente, e isso era evidente com Ethan. Ele começou a falar e a se comunicar com apenas 6 meses, apontando para as coisas que queria. Enquanto isso, seu irmão mais velho, Bernardo, pegava minha mão quando desejava algo e brincava de maneira diferente. Por exemplo, enquanto o caçula empurrava carrinhos, o primogênito girava as rodinhas deles. Acreditávamos que, com o tempo, Bernardo se igualaria ao irmão, especialmente quando entrasse na escola e tivesse a oportunidade de conviver com outras crianças da sua idade. Pelo menos era isso que nos levavam a acreditar.

No entanto, antes do início da escola, enfrentamos um lockdown total devido à pandemia. Ninguém podia sair de casa, e ficamos assim por meses. Durante esse período, uma rotina se estabeleceu em nossa casa, e, com ela, as crises de Bernardo diminuíram. Pensávamos que talvez as coisas estivessem melhorando e que as birras eram apenas parte do desenvolvimento típico da idade.

Entretanto, quando chegou a hora de Bernardo começar a escola maternal, enfrentamos obstáculos ainda maiores. A transição para a escola seria um novo capítulo em nossa jornada, trazendo desafios e descobertas que moldariam ainda mais a trajetória de Bernardo.

A Escola

Já estava me preparando para os desafios que estavam por vir quando Bernardo estava prestes a ingressar na escola. Com medo que ele pudesse fugir na escola, marquei todas as suas roupas escolares com seu nome e meu número de telefone, pois essa era uma preocupação constante em minha mente.

O processo de inserimento de Bernardo na escola foi um verdadeiro pesadelo. Ele não ouvia as professoras, não respondia a comandos, e frequentemente tentava escapar. Quando eu o buscava na escola, ele não queria ir para casa. Ao questionar as professoras sobre como tinha sido seu dia na escola, elas simplesmente diziam que tinha sido um desastre e que eu deveria impor limites e regras, sugerindo que eu não impusesse limites a meu filho. Elas não faziam ideia do esforço que eu fazia para ajudar no desenvolvimento de Bernardo, mesmo sem a confirmação que existisse algo de errado, apenas com a minha intuição.

Após semanas de insistência, consegui marcar uma reunião com as professoras responsáveis por meu filho. Foi nesse encontro que elas me explicaram que ele era diferente das outras crianças e que eu deveria procurar um médico especialista para uma avaliação. Nessa reunião pedi para as professoras um relatório de tudo o que elas viam de diferente em Bernardo, pois agora não era somente eu quem estava vendo que meu filho era diferente, mas também as professoras.

Continuava estudando e aprofundando meu conhecimento sobre os atrasos em seu desenvolvimento. Foi nesse período que pesquisando sobre os atrasos de Bernardo me deparei com o autismo. Comecei a perceber que meu filho apresentava muitas das características desse transtorno do neurodesenvolvimento, mas ainda assim, mantinha a esperança de que pudesse ser o que todos diziam, que eu estava buscando por problemas em um menino feliz e saudável.

Na lista dos requisitos diagnósticos para o autismo estavam não olhar nos olhos, mas Bernardo olhava nos meus olhos; dificuldade na socialização, mas meu filho estava perto das outras crianças. Porém, preferia os brinquedos. Ele não apontava, mas pegava a minha mão para me mostrar o que queria. Dificuldade na fala, mas Bernardo falava, não pedia nada, e não contava nada, apenas falava, sem comunicar.

Lembro de quando falei isso para meu marido. E ele não aceitava. Dizia que as professoras não estavam preparadas para uma criança vivaz como nosso filho.

Falei com a pediatra e expliquei o que as professoras haviam falado, e ela deu um encaminhamento para uma avaliação neuropsiquiátrica

Em menos de um mês, consegui a primeira consulta com uma neuropsiquiatra do Centro de Neurodesenvolvimento Infantil de Padova, um polo de referência em neurodesenvolvimento na Itália. Esse foi o início de uma jornada em busca de respostas e apoio para Bernardo.

O Diagnóstico e as Reações Iniciais

Finalmente, chegou o dia da consulta com a neuropsiquiatra infantil em dezembro de 2020, em meio à pandemia e todas as restrições de contato social.

A possibilidade da confirmação do autismo me assustava profundamente. Mesmo inconscientemente, eu já sabia o que a especialista iria dizer, mas ainda nutria uma esperança de estar errada, de que o que todos diziam fosse verdade, que eu estava procurando problemas em uma criança feliz e saudável.

Devido às restrições, apenas um dos pais poderia entrar no consultório, então acompanhei Bernardo sozinha enquanto o pai aguardava na sala de espera, podendo entrar apenas no final da consulta. Logo na apresentação, a Drª. nos cumprimentou, mas Bernardo estava fascinado pelos brinquedos e pelo novo ambiente, e não ouvia mais nada. Mexia em tudo, subia nos móveis. A neuropsiquiatra tentava se comunicar com ele e até brincar, mas sem sucesso, ele estava totalmente imerso na exploração do novo ambiente.

Ela começou a fazer algumas perguntas a mim sobre a gestação, parto e desenvolvimento inicial de Bernardo. Perguntou com quantos meses ele começou a falar e a se locomover, sobre seus interesses. Respondi que ele era um explorador nato, que queria tocar em tudo o que fosse novo, e

ela comentou imediatamente: *"Ele não tem medo de nada, não é?"* Perguntou se ele atendia a comandos, e eu disse que ele só seguia comandos que estivessem dentro de seus interesses. Perguntou se ele olhava nos olhos, e respondi que sim, e ela prontamente... *"mas não mantém o contato visual por muito tempo..."*

Seguindo com a consulta ela perguntou sobre seu comportamento com outras crianças, e eu contei uma situação que havia acontecido na semana precedente, onde ele havia brincado com um menino no parque, mas ela observou que ele apenas corria atrás do menino.

Quando estava pedido sobre seus interesses a Neuropsiquiatra pediu se Bernardo preferia os objetos às pessoas. Sim era verdade. Ele preferia os brinquedos e estar só, ao invés de estar com outras pessoas.

Uma outra pergunta foi *"...por acaso ele não prefere as rodinhas dos carrinhos ao invés de empurrá-los"*. Era exatamente isso!

Todas essas perguntas me deixaram preocupada, e eu compartilhei sobre os desafios que tivemos com a amamentação, como eu o ensinei a falar, sua fixação em letras e números. Finalmente, pedi a opinião dela sobre o que poderia ser, e que eu estava preocupada com tantas coisas que havia lido nos dias antecedentes à consulta. Foi nesse momento que ela me disse para chamar o pai, pois falaria com todos juntos.

Quando estávamos reunidos, a doutora começou a explicar que, com base no que observara em Bernardo e em meus relatos, ele precisaria passar por uma avaliação segunda avaliação

Ela sugeriu um ciclo de 5 consultas com uma neuropsicomotricista. No entanto, ela afirmou que Bernardo se encaixava dentro de um dos transtornos do neurodesenvolvimento. A palavra "autismo" não foi mencionada naquele momento, mas era clara a implicação. Precisaríamos dessa avaliação para preparar o tratamento, e o diagnóstico estava confirmado. Nesse momento, não consegui conter as lágrimas. Era verdade, meu menino era autista.

Meu marido, em um momento de negação do diagnóstico, tentou falar com a neuropsiquiatra, dizendo que nós também tínhamos características semelhantes às de Bernardo, que ele era muito inteligente, que já sabia ler e escrever. No entanto, a resposta da médica foi firme: *"Não, seu filho tem muitas dificuldades e precisa de ajuda. Ele precisa de acompanhamento especializado. A leitura nessa idade não ajuda. Ele precisa aprender a se relacionar."*

Recebemos uma carta da neuropsiquiatra com todas as informações sobre Bernardo para apresentar à pediatra, e a realidade do diagnóstico começou a se estabelecer em nossas vidas.

Após as 5 consultas de observação neuropsicomotora, o diagnóstico de autismo severo de Bernardo foi confirmado. Ele precisaria de terapias, incluindo uma hora de psicomotricidade por semana. Na mesma hora, foi solicitada uma professora de suporte para acompanhá-lo na escola no ano letivo que começaria em setembro de 2021. Lembro-me das palavras da doutora: *"Se ele puder chegar aos 30% de desenvolvimento, nós o faremos chegar lá..."* Nesse momento, fiz uma promessa a mim mesma de que faria tudo ao meu alcance para garantir o desenvolvimento de Bernardo em todos os sentidos. Comecei a mergulhar no mundo do autismo, estudando tudo sobre o assunto. Em todas as minhas pesquisas, vi que o tratamento adequado para o desenvolvimento incluía 40 horas semanais de ABA (Análise do Comportamento Aplicada), mas como faríamos apenas uma hora por semana? A resposta estava clara: eu deveria estudar e fazer um acompanhamento com Bernardo em casa. Assim, comecei a aplicar o que aprendia em nossas sessões de terapia caseiras. Até hoje, já acumulo mais de 1000 horas de cursos, incluindo "Acompanhante Terapeuta", "ABA para Pais", "Seletividade Alimentar", "Terapia Ocupacional", "Neuropsicopedagogia" e uma Pós-Graduação em ABA aplicada ao Autismo, e tantas outras palestras de profissionais renomados no assunto. Tudo o que eu estudava, aplicava com meu filho. Aproveitava todas as horas do dia para brincar e usar os princípios da ABA nas atividades. Seguia as orientações da neuropsicoterapeuta. Mesmo quando Ethan estava acordado, com apenas um ano de idade, ele participava das nossas sessões de terapia caseiras.

Bernardo começou a evoluir visivelmente, e as crises começaram a diminuir em intensidade. Isso significava que estávamos no caminho certo. Eu não podia desistir. Estudava enquanto eles dormiam e Bernardo estava na escola, e quando ele voltava para casa, aplicava meus programas com ele. As preocupações com o futuro de Bernardo, o medo do preconceito e da discriminação que ele poderia enfrentar sem que eu estivesse ao seu lado para defendê-lo, me davam forças para continuar na busca de conhecimento para ajudá-lo. A determinação em fazer o melhor por ele era e ainda é minha principal motivação.

Criando uma Relação de Confiança com a Criança Autista

Antes de qualquer coisa, *estabelecer uma relação de confiança com uma criança autista* é o alicerce fundamental para qualquer progresso. Essa conexão vai além de qualquer programa ou terapia, é a base sobre a qual todo o desenvolvimento posterior se constrói. Aqui estão algumas etapas importantes para criar essa confiança:

1. **Seja um Ponto de Referência**: A criança autista deve sentir que você é alguém em quem pode confiar e se sentir segura. Sua presença deve ser reconfortante, e a criança deve se sentir à vontade com você.

2. **Vá no Ritmo da Criança**: Não tenha pressa em implementar programas ou demandas. Comece por conhecer a criança e entender suas necessidades. Apenas quando ela se sentir confortável na sua presença, você poderá introduzir programas de aprendizado.

3. **Descubra os Reforçadores**: Identifique os brinquedos, jogos ou atividades que mais interessam à criança.

Entre no mundo dela e participe dessas atividades, respeitando os limites impostos por ela.

4. Inicie sem Demandas: No começo, o foco deve ser o divertimento. Brinque e compartilhe momentos agradáveis sem exigir nada em troca. Deixe a criança perceber que estar com você é positivo e prazeroso.

5. Fortaleça a Ligação: À medida que a relação de confiança se fortalece, a criança ficará mais receptiva a atividades de aprendizado e programas. Ela se sentirá feliz apenas sabendo que é *"hora de brincar"* com você.

6. Implemente Programas com Sensibilidade: Quando chegar a hora de introduzir programas ou terapias, faça isso com sensibilidade e consideração. Esteja atento ao nível de conforto da criança e adapte os programas de acordo com suas necessidades.

Lembre-se de que cada criança é única, e a construção da confiança pode levar tempo. É fundamental ser paciente e flexível, permitindo que a criança se sinta segura e apoiada antes de embarcar em qualquer jornada de desenvolvimento. *Com uma base sólida de confiança, o potencial da criança autista pode ser desbloqueado de maneiras surpreendentes.*

Figura 4 Copyright© Bernardo Brandão

Lendo os Sinais: Construindo uma Conexão de Confiança com uma Criança Autista

Ao fortalecer a conexão com Bernardo, minha atenção estava sempre voltada para suas reações e comportamentos. Eu tentava ler suas pistas para entender se ele se sentia aversivo à situação ou se estava confortável. Essa prática continua sendo fundamental em nosso relacionamento até hoje. Observar suas expressões faciais, sua respiração e os movimentos de seu corpo tornou-se uma segunda natureza.

É crucial estarmos atentos a todos os detalhes, mesmo que sejam quase imperceptíveis. Essa observação constante nos guia ao longo do processo. *Quanto melhor conhecemos a criança, mais conseguimos antecipar suas reações.* Isso torna o processo de aprendizado mais suave e eficaz.

A leitura desses sinais nos ajuda a adaptar nossas abordagens e estratégias de ensino, garantindo que a criança se sinta segura e apoiada. Criar essa conexão de confiança é o alicerce para o sucesso no aprendizado e desenvolvimento de uma criança autista, e é uma jornada contínua e gratificante.

Aplicando as Técnicas Aprendidas em Casa

A primeira técnica que decidi trabalhar em casa foi o estímulo ao contato visual. Era fundamental para desenvolver os neurônios espelho, que desempenham um papel crucial no aprendizado inicial das crianças neurotípicas. Elas observam e imitam o que veem, mas crianças com o transtorno do espectro autistas, como Bernardo, frequentemente têm dificuldades em copiar as ações dos outros. Assim, criei meu próprio programa de contato visual.

Durante as brincadeiras, eu o chamava gentilmente e tocava seu queixo para fazê-lo olhar para mim. Em seguida, lhe dava um brinquedo que ele gostava muito como recompensa. Gradualmente, a ajuda que eu oferecia foi diminuindo. Quando o chamava, apenas o tocava e ele já erguia os olhos para ver o que eu estava fazendo. Eu imitava um animalzinho que estava segurando e, como prêmio, entregava o animalzinho a ele. Por fim, retirei completamente a ajuda física e, ao chamá-lo, fazia uma festa, pulava, dançava e o pegava no colo.

Uma vez que ele já estava respondendo ao contato visual e interessado no que eu fazia, era hora de acrescentar mais desafios ao programa. Introduzi a técnica de repetição, o *"faz igual"*. Enquanto ele brincava, eu me sentava de frente para ele, respeitando uma distância que fosse confortável, que não lhe causasse desconforto. O chamava e pegava um dos brinquedos próximos a ele, dizendo *"salta, poing"*. Ele começava a rir, e eu pedia para ele fazer igual: *"salta, poing"*. Pegava sua mãozinha e fazia o movimento enquanto repetia as palavras. Na segunda vez, pedia novamente *"salta, poing"* e tocava levemente em sua mão, e ele já fazia o movimento rindo, apenas com o comando verbal.

A técnica de esvanecimento de dicas foi fundamental nesse processo, pois nos ajudou a ensinar novos comportamentos. Era importante garantir que Bernardo aprendesse da maneira correta desde o início, evitando erros que poderiam dificultar seu progresso. Com paciência e dedicação, essas técnicas começaram a dar resultados, e eu sabia que estávamos no caminho certo para o desenvolvimento de Bernardo.

Figura 3 Copyright © Bernardo Brandão

Programa de Esperar a Sua Vez

A próxima etapa do programa de ensino de Bernardo era ensiná-lo a esperar a sua vez. Isso era fundamental para que ele pudesse se adaptar às situações cotidianas em que precisava aguardar, como em filas, conversas, na escola e até mesmo durante suas terapias.

A habilidade de permanecer sentado e esperar a sua vez era essencial. Para ensinar isso de forma lúdica, criei um programa usando, inicialmente, peças de Lego. Fazíamos isso alternando os turnos: ele podia colocar uma peça, e a próxima era minha vez.

A ideia era evitar que ele ficasse desregulado ou impaciente durante a espera. Quando ele colocava a sua peça, eu já tinha a minha pronta para colocar rapidamente, de modo que a espera não parecesse longa. Acompanhava cada ação com indicações verbais simples, como *"sua vez"* quando era a vez dele e *"agora sou eu"* quando chegava a minha vez. Além disso, usava minha mão para delicadamente bloquear a mãozinha dele, incentivando-o a esperar, sempre comemorando quando ele conseguia fazê-lo.

A abordagem era manter o programa divertido para Bernardo, pois isso facilitava a aprendizagem e incentivava a repetição do comportamento.

É importante lembrar que as consequências e os reforços desempenham um papel crucial na modelagem do comportamento das crianças, seja para comportamentos positivos ou disruptivos. Pois seu cérebro será programado para repetir os comportamentos quando buscar os mesmos resultados.

Portanto, sempre estávamos atentos às nossas reações aos comportamentos de Bernardo, para garantir que estivéssemos reforçando os comportamentos adequados e desencorajando os disruptivos. Por exemplo, evitando reforçar comportamentos disruptivos, como gritar para obter uma recompensa, como um brinquedo, doce ou tempo com desenhos animados.

Respeitando as Regras dos Jogos

No início, Bernardo tinha muita dificuldade em jogar jogos de tabuleiro ou cartas, pois não conseguia esperar sua vez e queria fazer tudo do seu jeito. Por isso, decidimos introduzir gradualmente as regras dos jogos em seu programa de ensino.

Primeiro, ensinamos Bernardo a esperar sua vez, como mencionado anteriormente. Uma vez que ele tinha adquirido essa habilidade, decidimos introduzir uma regra simples ao jogo com lego: escolher uma cor no início do jogo, uma para ele e outra para mim. Durante a brincadeira, só poderíamos usar as cores escolhidas no início.

Isso ajudou a ensiná-lo sobre as regras e o conceito de turno em jogos. Quando sua tolerância já estava mais desenvolvida, adicionamos outro elemento ao programa: a *incerteza*. Introduzimos um dado com faces coloridas e lançávamos o dado para determinar qual cor poderia ser colocada no jogo naquele momento. Novamente, isso era feito de forma gradual e comemorávamos cada passo que ele conseguia realizar com sucesso.

Uma lição importante que aprendemos nesse processo foi a necessidade de respeitar o tempo e os limites de Bernardo. Se tivéssemos pulado etapas e introduzido a incerteza do dado antes que ele estivesse preparado, isso poderia ter sido avassalador e dificultado o aprendizado.

Portanto, era essencial controlar nossas expectativas e adaptar os programas de acordo com as condições da criança, seu nível de tolerância e as habilidades já adquiridas. O respeito pelo ritmo de aprendizado de Bernardo foi fundamental para seu progresso.

Figura 4 Copyright© Bernardo Brandão

Usando Desenhos para Ensinar a Respeitar as Regras do Jogo

Outra atividade que desempenhou um papel importante no desenvolvimento de Bernardo foi a criação de desenhos. Dado o seu interesse apaixonado em escrever e desenhar, esta foi uma maneira eficaz de ensiná-lo a respeitar regras e limites.

No início, peguei algumas folhas de papel e canetinhas coloridas, e estabeleci uma regra simples: ele poderia fazer um desenho, e depois eu faria um. Isso, no entanto, foi um desafio, já que Bernardo costumava imaginar o desenho inteiro de uma vez e queria fazê-lo de uma só vez. Foi um programa que exigiu paciência, mas conseguimos superar essa barreira.

Antes de começar, escrevia as regras na folha de papel, e a cada passo, as regras eram lidas novamente. Se ele tentasse fazer dois desenhos de uma vez, nós releríamos as regras. Uma abordagem importante em momentos delicados, quando Bernardo queria escolher o desenho que eu faria, eu o estimulava a pedir com gentileza se eu poderia fazer um desenho específico que ele estava pensando. Isso também proporcionou uma oportunidade para ensiná-lo a pedir ajuda, uma habilidade crucial, já que muitas vezes as crianças autistas tendem a tentar fazer tudo sozinhas.

A cada atividade feita ele poderia fazer uma folha de desenho toda sozinho como reforçador. Bernardo aprendeu que não era algo negativo fazer o desenho junto comigo, ele faria um desenho junto, compartilhando a brincadeira, mas logo em seguida ele poderia fazer o seu desenho sem interferência.

Essa atividade não apenas ajudou Bernardo a aprender a respeitar as regras do jogo, mas também a desenvolver habilidades sociais importantes, como pedir ajuda e negociar com os outros. Além disso, demonstrou que o aprendizado pode ser divertido e envolvente, e as regras são parte integrante de muitos aspectos da vida. E ainda hoje ele pede para fazer esse jogo comigo.

Estabelecendo uma Rotina Saudável

Quando buscamos o desenvolvimento de uma criança autista, é essencial garantir que ela esteja bem alimentada, descansada e sem distrações excessivas. Estabelecer uma rotina saudável desempenha um papel fundamental nesse processo.

Primeiramente, devemos assegurar que a criança durma bem. Isso inclui estabelecer um horário regular de sono, com um ritual tranquilo antes de dormir. Duas horas antes da hora de dormir, podemos começar a criar a rotina do sono, envolvendo atividades mais calmas, como brincadeiras tranquilas, um banho quente, colocar o pijama e escovar os dentes. Esse ritual ajuda a criança a entender que a hora de dormir está se aproximando, tornando a transição mais suave. Sabemos que a criança autista gosta de rotinas, então podemos usar disso para facilitar o processo.

Se a criança está acostumada a dormir tarde, é importante fazer essa mudança gradualmente, diminuindo 30 minutos por dia até atingir o horário desejado. Manter o quarto completamente escuro também ajuda na produção natural de melatonina, o hormônio do sono. E por consequência: *um sono mais tranquilo.*

Além disso, é fundamental controlar a alimentação da criança. Considerando a seletividade alimentar comum em crianças autistas, devemos minimizar o consumo de açúcares e alimentos processados, que podem causar agitação. Quanto mais alimentos saudáveis conseguirmos introduzir na dieta da criança, melhor será para sua saúde geral.

Muitas vezes, *comportamentos disruptivos são uma resposta a dores, desconfortos ou dificuldades de comunicação.* É importante lembrar que uma criança autista pode ter dificuldade em expressar onde está sentindo dor, então precisamos estar atentos a esses sinais.

Estabelecer uma rotina saudável com um sono adequado e uma dieta equilibrada é fundamental para o bem-estar de uma criança autista. Isso pode reduzir comportamentos disruptivos e criar um ambiente mais propício para o desenvolvimento.

O Perigo das Telas para Crianças Autistas

É amplamente reconhecido que o uso excessivo de telas não é recomendado para crianças em geral. No entanto, para crianças autistas, o impacto negativo das telas pode ser ainda mais significativo. Muitas vezes, os pais recorrem às telas como uma forma de acalmar seus filhos, ou manter seu entretenimento, mesmo sem estar cientes do quanto isso pode ser prejudicial a longo prazo.

As telas, como smartphones e tablets, têm o potencial de se tornarem altamente viciantes para as crianças. Elas oferecem uma sobrecarga sensorial com luzes brilhantes, cores vibrantes e sons estimulantes, que podem ser particularmente cativantes para uma criança com autismo. No entanto, essa dependência de telas pode prejudicar o desenvolvimento da criança, tornando-a menos receptiva a interações sociais e atividades do mundo real.

Bernardo, por exemplo, demonstrou sinais de dependência de telas desde muito cedo. Quando a bateria acabava ou ele não conseguia encontrar o vídeo desejado, ficava frustrado e agitado. No entanto, a decisão de retirar completamente o telefone foi um passo importante para ajudá-lo a se desenvolver, socializar e aumentar a tolerância às frustrações. Embora tenha sido um desafio inicialmente, com o tempo, ele se tornou mais tranquilo e receptivo a outras atividades.

A retirada das telas proporciona a oportunidade de oferecer brincadeiras e interações mais significativas, fortalecendo o vínculo entre pais e filhos e incentivando o desenvolvimento de habilidades sociais e de comunicação. *Embora as telas possam parecer uma solução imediata para acalmar uma criança autista, é importante considerar o impacto a longo prazo e buscar alternativas mais saudáveis e interativas para promover seu desenvolvimento.*

Figura 5 Copyright© Bernardo Brandão

Trabalhando a Previsibilidade

A previsibilidade desempenha um papel crucial no apoio ao desenvolvimento de crianças com Transtorno do Espectro Autista (TEA). Para muitas delas, os imprevistos e a incerteza podem desencadear crises, tornando a previsibilidade uma ferramenta fundamental para ajudá-las a se sentirem mais seguras e confiantes em relação ao que está por vir.

Crianças dentro do TEA geralmente buscam ter algum grau de controle sobre seu ambiente e rotina. *Mesmo pequenos ajustes em suas programações podem ser desafiadores para elas. É por isso que estabelecer um ambiente previsível e criar rotinas consistentes é tão importante.*

A previsibilidade deve ser apresentada de forma visual para facilitar a compreensão da criança. Uma maneira eficaz de fazer isso é criar uma espécie de *"painel de previsibilidade"* com imagens e palavras (levando em consideração o nível de habilidade da criança). Esse painel pode mostrar as atividades ou tarefas que estão planejadas para o dia, desde a hora de acordar até a hora de dormir.

Esse painel de previsibilidade pode ser feito facilmente em casa, com uma cartolina, ou folhas de papel e canetinhas, com imagens e palavras que descrevam as atividades e a sequência de programas do dia. Desde a ida ao banheiro, as atividades terapêuticas.

No entanto, é importante lembrar que, embora a previsibilidade seja crucial, também é necessário ensinar flexibilidade mental. As crianças precisam aprender a lidar com situações imprevistas e mudanças na rotina, pois essas habilidades são essenciais para a vida diária. Quando ocorrerem mudanças, leve a criança até o painel e altere a atividade. É importante comunicar as mudanças à criança e explicar o motivo por trás delas, ajudando-a a se adaptar gradualmente.

Trabalhar a previsibilidade de maneira adequada pode ajudar a reduzir o estresse e as crises associadas à incerteza, ao mesmo tempo em que permite que a criança desenvolva a capacidade de lidar com mudanças de forma mais flexível.

Regulando as Nossas Expectativas ao Lidar com Crianças Autistas

É fundamental que, ao trabalhar com crianças com TEA, estejamos sempre atentos e regulando nossas expectativas de acordo com as habilidades individuais de cada criança. É um equilíbrio delicado entre desafiar e apoiar, adaptando nossas abordagens às necessidades específicas de cada criança.

Não podemos exigir demais da criança, pressionando-a a realizar tarefas ou atividades para as quais ainda não possui as habilidades necessárias. Por exemplo, se a criança ainda não consegue realizar o movimento de chutar uma bola, não é justo esperar que ela jogue futebol. Isso pode ser frustrante e desencadear comportamentos desafiadores.

Da mesma forma, não devemos subestimar a criança, limitando nossas expectativas e exigindo menos do que ela é capaz de realizar. *Estimular constantemente a criança é importante para seu desenvolvimento, mas também devemos permitir que ela desfrute de suas paixões e interesses, mesmo que sejam estereotipados ou hiper focos.*

Além disso, é essencial reconhecer que as crianças autistas têm dias bons e dias ruins, assim como qualquer outra pessoa. Em alguns dias, elas podem estar mais dispostas a participar e cooperar, enquanto em outros, podem estar menos motivadas ou mais sensíveis a estímulos. Devemos respeitar esses momentos e ajustar nossas abordagens de acordo.

Ao lidar com nossas crianças, é importante manter expectativas realistas, adaptando nossas estratégias de acordo com as habilidades e necessidades individuais da criança. Isso cria um ambiente de apoio e compreensão, permitindo que a criança se desenvolva da melhor maneira possível.

Figura 6 Copyright© Bernardo Brandão

Trabalhando a Flexibilidade Mental e a Tolerância a Mudanças

Outro aspecto importante ao lidar com crianças é promover a flexibilidade mental e a tolerância a mudanças na rotina. É natural que as crianças com autismo prefiram a previsibilidade e a rotina, pois isso lhes proporciona segurança. No entanto, é igualmente importante ajudá-las a lidar com situações inesperadas e mudanças imprevistas.

Para fazer isso, *podemos introduzir pequenas alterações na rotina diária quando a criança estiver mais cooperativa.* Essas mudanças devem ser graduais e adequadas ao nível de tolerância da criança. Elas podem incluir coisas como variar a ordem das atividades ou introduzir novos elementos em uma atividade familiar.

É essencial treinar a criança para se adaptar a essas mudanças de maneira gradual e suave. *O objetivo não é causar desconforto, mas sim ajudá-la a desenvolver a capacidade de lidar com imprevistos e situações de mudança que enfrentará ao longo da vida.*

Por exemplo, podemos simular situações de imprevisto, com bonequinhos, como a ausência de um colega na escola ou a presença de uma professora substituta, para que a criança se acostume a essas variações. Isso ajuda a construir sua flexibilidade mental e a capacidade de se adaptar a novas circunstâncias de forma mais tranquila.

Lembrando sempre que o equilíbrio é fundamental. Devemos respeitar a necessidade da criança por rotina, mas também prepará-la gradualmente para enfrentar o mundo com maior flexibilidade e resiliência.

Alinhando Esforços para o Desenvolvimento da Criança Autista

A colaboração e a comunicação eficaz entre todos os envolvidos na vida da criança desempenham um papel fundamental no seu desenvolvimento. Para garantir um ambiente consistente e favorável, é essencial que todos falem a mesma "língua" e estejam alinhados em relação às estratégias e comandos utilizados.

Um exemplo disso é a consistência nos comandos dados à criança. Se, por exemplo, na terapia está sendo trabalhado o comando "esperar", todos os cuidadores, incluindo pais, professores e terapeutas, devem usar o mesmo comando para a criança. Isso ajuda a criança a generalizar o comportamento, ou seja, *a entender que o comando "esperar" é aplicável em diferentes situações e ambientes.*

A falta de alinhamento pode levar a confusão para a criança. Ela pode responder bem a um comando em casa, mas não na escola, se diferentes palavras ou abordagens forem usadas. Portanto, é crucial que todos os envolvidos estejam cientes das estratégias de intervenção e se comprometam a aplicá-las de maneira consistente.

A generalização é um processo importante no desenvolvimento da criança. Para que ela internalize as habilidades e comportamentos aprendidos, é necessário que esses sejam praticados em locais diferentes e com pessoas diferentes. Isso ajuda a criança a entender que as habilidades não são específicas apenas para determinados contextos.

O alinhamento dos esforços de pais, terapeutas e educadores é fundamental para criar um ambiente consistente e favorável ao desenvolvimento da criança autista. *Quanto mais comprometidos estiverem todos os envolvidos, mais progressos a criança poderá fazer em sua jornada de desenvolvimento.*

Figura 7 Copyright© Bernardo Brandão

Estimulando a Verbalização em Crianças Autistas

Quando estamos certos de que a criança não possui problemas físicos que impeçam a fala, podemos começar a estimular a verbalização e a comunicação vocal. Um método eficaz é reforçar a vocalização da criança, mesmo que inicialmente seja apenas um som, para que ela associe a vocalização a conseguir o que deseja.

Inicialmente, ao identificar que a criança quer algo, entregue o objeto desejado sempre que ela emitir qualquer tipo de expressão vocal. Isso pode incluir simples sons ou murmúrios. A cada entrega, repita a palavra associada ao objeto. Por exemplo, se a criança quer uma bola e emite um som, entregue a bola e diga *"bola"*.

Conforme a criança se familiariza com o processo, comece a refinar o estímulo. Ou seja, passe a entregar o objeto somente quando a vocalização se aproximar mais da palavra desejada. Por exemplo, se a criança disser *"ooo"* para bola, recompense e entregue a bola, e repetindo *"bola"*. Com o tempo, passe a exigir uma vocalização mais precisa, como *"bo"*, para que ela obtenha o objeto, até chegar na palavra completa *"bola"*.

Posteriormente, quando a criança estiver mais confortável com a vocalização, acrescente palavras relacionadas à ação. Por exemplo, ao entregar a bola, diga "da bola" para incentivar a formação de frases simples.

É importante ressaltar que esse processo deve ser repetido por diferentes pessoas em diversos ambientes para que a generalização ocorra. Essa técnica não apenas ajuda a criança a expressar suas necessidades, mas também estabelece as bases para a comunicação verbal mais complexa, como diálogos e a capacidade de contar experiências. A criança aprende que usar as palavras é uma forma mais eficaz e rápida de conseguir o que deseja, incentivando-a a desenvolver suas habilidades de comunicação.

Eliminar Distrações para Facilitar o Aprendizado

Quando estamos trabalhando para instaurar novos comportamentos, é crucial eliminar distrações do ambiente. Isso inclui brinquedos, imagens, sons e até mesmo outras pessoas que possam competir pela atenção da criança durante a sessão de aprendizado.

Preparar o ambiente é fundamental, pois se houver distrações visuais, sonoras ou objetos que a criança considere mais interessantes, ela provavelmente se concentrará neles e não nas tarefas que estão sendo propostas. Isso pode dificultar muito o processo de aprendizado.

Certifique-se de criar um ambiente de trabalho *"limpo"*, com poucos estímulos concorrentes. Isso ajudará a criança a manter o foco e a atenção nas demandas que estão sendo apresentadas.

À medida que a criança se habitua a esse ambiente mais controlado, será mais fácil para ela prestar atenção e aceitar as tarefas propostas, o que pode aumentar a eficácia das intervenções terapêuticas e do processo de aprendizado em geral.

Andar de Bicicleta e o Autismo: Superando Desafios

A bicicleta não é apenas um meio de transporte ou uma forma de lazer; para crianças com autismo. Andar de bicicleta pode ser uma oportunidade incrível de desenvolvimento. *Além dos benefícios físicos, como melhorar o raciocínio lógico, aumentar a capacidade de resposta a estímulos e combater o sedentarismo, andar de bicicleta oferece muitas vantagens sociais e emocionais.*

Para uma criança com autismo, aprender a andar de bicicleta pode ser um grande desafio devido às dificuldades no desenvolvimento do senso de direção e na compreensão dos perigos da estrada. No entanto, com paciência, estímulo e apoio, é possível superar esses desafios.

A bicicleta não é apenas uma atividade física, mas também uma oportunidade de socialização, criação de memórias afetivas e experiências emocionantes. É uma maneira de aumentar a autoconfiança da criança e ensiná-la a lidar com situações imprevisíveis, como desviar de obstáculos.

A história de Bernardo é um exemplo inspirador de determinação e confiança. Aos 7 anos, ele decidiu remover as rodinhas de sua bicicleta e pedalar sem elas. Depois de muito treinamento com as rodinhas, e vendo seu irmãozinho que já andava sem elas, decidiu que retiraria as suas também, contrariando a incredulidade de muitos na sua capacidade de conseguir. ***Sua determinação e confiança eram tão fortes que ele conseguiu andar de bicicleta com equilíbrio já na primeira tentativa. Isso mostra como a crença na própria capacidade e o treinamento adequado podem levar a conquistas incríveis.***

Acredite sempre no potencial de sua criança, com esforço e treinamento ela chegará a níveis sempre mais altos.

Figura 8 Copyright© Bernardo Brandão

Ensinar Crianças Autistas a Lidar com Frustrações

Lidar com frustrações é uma habilidade essencial para o desenvolvimento emocional de todas as crianças, e isso é ainda mais importante para crianças com autismo. No entanto, muitas vezes, a tendência natural é evitar que a criança passe por situações frustrantes para evitar crises. Embora seja compreensível, essa abordagem pode, a longo prazo, tornar a tolerância à frustração da criança ainda menor.

Uma abordagem eficaz para ensinar a lidar com frustrações é utilizar a Teoria das Aproximações Sucessivas da Análise do Comportamento Aplicada (ABA). *Essa técnica envolve expor a criança a situações que causam frustração, mas começando com desafios muito pequenos que não desencadeiem crises.*

O processo começa com a identificação de situações ou atividades que geralmente causam frustração na criança. Em seguida, é introduzida uma versão simplificada ou menos desafiadora dessas situações. O objetivo é permitir que a criança experimente uma pequena quantidade de frustração, mas não o suficiente para desregulá-la completamente.

À medida que a criança começa a tolerar essas pequenas frustrações, gradualmente aumentam-se o grau de dificuldade ou a complexidade das situações. Isso é feito de maneira gradual e adaptada ao ritmo da criança. *A ideia é ajudar a criança a construir a capacidade de enfrentar e superar desafios cada vez maiores.*

É importante lembrar que a paciência e a empatia são fundamentais durante esse processo. Os pais e cuidadores devem estar presentes para apoiar a criança, fornecer orientações e reforçar positivamente seu esforço em lidar com as frustrações. Com o tempo e prática, a criança poderá desenvolver habilidades mais sólidas para enfrentar situações frustrantes de maneira mais adaptativa, reduzindo as crises e promovendo um desenvolvimento emocional saudável.

Superproteção e o Desenvolvimento da Autonomia

A superproteção é um comportamento natural dos pais e cuidadores. A preocupação em garantir o bem-estar da criança muitas vezes leva a fazer as coisas por ela em vez de permitir que ela desenvolva sua própria autonomia. No entanto, é importante lembrar que *o desenvolvimento da autonomia não ocorre por magia com a maturidade, mas sim por meio do treinamento e da prática.*

A técnica das Aproximações Sucessivas, mencionada anteriormente, também pode ser aplicada ao ensinar a criança a realizar atividades da vida diária, como se vestir, escovar os dentes, comer de forma independente, entre outras. O processo começa com a prestação de ajuda total, onde o cuidador executa a tarefa inteira para a criança.

À medida que o tempo passa, é importante esvanecer gradualmente essa ajuda. Isso significa que, progressivamente, a criança realiza mais etapas da atividade por conta própria, com o cuidador fornecendo orientações e apoio conforme necessário. *A chave para o sucesso nesse processo é a paciência e o incentivo positivo.* É fundamental reconhecer e elogiar cada pequeno passo que a criança dá em direção à autonomia. Isso fortalece sua autoestima e motivação para continuar tentando.

Quanto mais cedo começarmos a ensinar a criança a fazer coisas por si mesma, mais fácil será o aprendizado e a internalização dessas habilidades. Além disso, *promover a autonomia não apenas fortalece a autoconfiança da criança, mas também a prepara para uma vida mais independente no futuro.* Portanto, embora a superproteção possa ser compreensível, é fundamental equilibrá-la com a promoção da autonomia, permitindo que a criança desenvolva habilidades essenciais para a vida.

Flexibilidade Cognitiva: Adaptação e Resolução de Problemas

A flexibilidade cognitiva é uma habilidade crucial para o desenvolvimento das nossas crianças. *Essa capacidade refere-se à habilidade de se adaptar a situações inesperadas, resolver problemas e considerar respostas alternativas*. Muitas crianças dentro do espectro do autismo demonstram certos graus de inflexibilidade, o que pode tornar desafiador para elas lidar com mudanças ou situações imprevistas.

Por exemplo, algumas crianças podem insistir em seguir sempre a mesma rotina, fazer as mesmas atividades do mesmo modo ou percorrer os mesmos trajetos repetidamente. Isso pode ser reconhecido como comportamento repetitivo ou restrito, uma característica comum do autismo.

No entanto, promover a flexibilidade cognitiva é fundamental para o desenvolvimento da criança e sua capacidade de se adaptar ao mundo ao seu redor. Aqui estão algumas estratégias que podem ajudar a aumentar a flexibilidade cognitiva em crianças com autismo:

1. *Introduza variações na rotina*: Gradualmente, introduza pequenas mudanças na rotina diária da criança para ajudá-la a se acostumar com a ideia de que as coisas nem sempre

acontecem da mesma maneira. Por exemplo, escovar os dentes primeiro de colocar o pijama.

2. ***Jogo de papéis***: Brincar de faz de conta, onde a criança assume diferentes papéis e situações, pode ajudar a desenvolver a imaginação e a flexibilidade cognitiva.

3. ***Jogos de quebra-cabeça e enigmas***: Esses tipos de jogos incentivam a criança a pensar em soluções alternativas e a experimentar diferentes abordagens para resolver problemas.

4. ***Histórias e livros***: Ler histórias que envolvem personagens enfrentando desafios e mudanças na trama pode ajudar a criança a compreender que a vida está repleta de situações imprevistas e maneiras de lidar com elas.

5. ***Reforce a resolução de problemas***: Incentive a criança a resolver pequenos problemas por conta própria. Elogie suas tentativas, mesmo que elas não tenham sucesso imediato, para reforçar a ideia de que tentar coisas novas e encontrar soluções alternativas é valioso.

6. ***Modelagem de comportamento flexível***: Os adultos podem demonstrar flexibilidade cognitiva em suas próprias

vidas, mostrando à criança como se adaptar a situações inesperadas e aceitar mudanças com calma e compreensão.

Promover a flexibilidade cognitiva em crianças com TEA requer paciência e prática contínua. Com o tempo, essas estratégias podem ajudar a criança a se sentir mais confortável em lidar com a incerteza e a se adaptar às diferentes circunstâncias que encontrará ao longo da vida.

A Sobrecarga Sensorial

A sobrecarga sensorial é um desafio significativo para muitas pessoas no espectro do autismo. É importante estarmos sempre atentos aos gatilhos das crises, que podem variar de um autista para outro, dependendo das suas sensibilidades sensoriais. Um autista pode ter, por exemplo, sensibilidade auditiva, e não sensibilidade visual. Ou apresentar hipersensibilidade em uma área e hipossensibilidade em outra.

A hipersensibilidade auditiva é comum, tornando lugares barulhentos, como shoppings, supermercados e festas, potenciais desencadeadores de crises. O excesso de estímulos sonoros pode ser avassalador para essas pessoas. Devemos atentar também aos tipos de sons, pois são as frequências sonoras que provocam esse desconforto, e não simplesmente o som alto.

Outro aspecto muitas vezes subestimado são os odores. Autistas frequentemente têm uma sensibilidade olfativa intensa, e cheiros, como comida, perfumes, fumaça e poluição, podem causar desconforto ou mesmo crises.

A sensibilidade visual também desempenha um papel importante. As variações na intensidade e cores das luzes, por exemplo, podem ser incômodas e aversivas.

A sensibilidade tátil é outro fator a considerar. Algumas pessoas no espectro podem sentir desconforto devido à textura das roupas, etiquetas ou roupas que são muito largas ou apertadas.

Portanto, é fundamental que cuidadores, familiares e profissionais estejam atentos a essas sensibilidades individuais e trabalhem para criar ambientes que minimizem esses gatilhos sensoriais, proporcionando maior conforto e bem-estar.

Sobrecarga Social

A sobrecarga social é um desafio significativo para muitas pessoas no espectro do autismo. Uma das principais dificuldades está relacionada à socialização e à compreensão das regras sociais implícitas na interação com os outros. Para muitos autistas, as regras sociais não são intuitivas e podem ser difíceis de entender.

Autistas tendem a ser mais literais e têm dificuldade em perceber os comportamentos sociais sutis e as mensagens com significados ocultos. Isso pode levar a situações em que se sentem desconfortáveis ou desencadeiam crises emocionais.

Algumas das situações que podem ser gatilhos incluem:

1. Ser ignorado ou excluído em um grupo social.

2. Ser interrompido constantemente durante uma conversa, o que pode ser perturbador.

3. Dificuldade em manter uma conversa fluente devido à ansiedade social ou dificuldade em entender os turnos de fala.

4. Não ter tempo suficiente para processar informações durante uma interação social rápida.

É importante que familiares, amigos e profissionais estejam cientes dessas dificuldades sociais e trabalhem em conjunto para criar ambientes mais compreensivos e inclusivos, onde as pessoas com autismo se sintam mais confortáveis e apoiadas em suas interações sociais. E respeitar seu tempo de regarregar as energias. Bernardo, por exemplo, algumas vezes, depois de um dia de estímulos na escola passa algum tempo sem dar nenhuma resposta, até que consegue regular suas energias. Devemos respeitar esse tempo, para evitar crises.

Figura 9 Copyright© Bernardo Brandão

Disfunção Executiva

A disfunção executiva é uma área cognitiva que desempenha um papel crítico na organização, no planejamento e na execução de tarefas. Muitas pessoas no espectro do autismo enfrentam desafios significativos relacionados a essas funções executivas. Isso pode se manifestar de várias maneiras:

1. *Dificuldade em planejar e organizar tarefas diárias*: Pessoas com disfunção executiva podem ter dificuldade em criar uma sequência lógica de atividades ou em lembrar-se de compromissos e responsabilidades diárias.

2. *Dificuldade em iniciar e concluir tarefas*: Às vezes, a pessoa pode ter dificuldade em começar uma tarefa ou, alternativamente, ficar tão concentrada em uma atividade que esquece outras responsabilidades.

3. *Dificuldade em priorizar:* A habilidade de determinar quais tarefas são mais importantes em um determinado momento pode ser desafiadora, levando a escolhas de ações menos eficazes.

4. ***Falta de flexibilidade cognitiva***: Pessoas com disfunção executiva podem ter dificuldade em se adaptar a mudanças inesperadas ou em alternar entre diferentes tarefas.

5. ***Dificuldade em lembrar informações relevantes***: Isso pode afetar a memória de trabalho e a capacidade de lembrar detalhes importantes.

Uma maneira de ajudar a lidar com a disfunção executiva é utilizar ferramentas como listas de tarefas, agendas e lembretes visuais. Essas estratégias podem fornecer suporte externo para compensar as dificuldades internas na organização e no planejamento. *Além disso, a prática da quebra de tarefas em etapas menores e mais gerenciáveis também pode ser benéfica.*

É importante reconhecer que cada pessoa no espectro do autismo é única, e as estratégias de apoio devem ser adaptadas às suas necessidades individuais para ajudá-las a funcionar de maneira mais eficaz em suas vidas cotidianas.

O Sentido da Interocepção

A interocepção é um aspecto importante da percepção sensorial que se refere à capacidade do corpo de perceber sinais internos, como fome, sede, temperatura corporal, necessidade de urinar, entre outros. Esses sinais internos são captados pelos receptores em várias partes do corpo e enviados ao cérebro para que possamos reconhecê-los e responder apropriadamente.

Em pessoas com autismo, a interocepção pode ser afetada de várias maneiras. Alguns autistas podem ser hipossensíveis à interocepção, o que significa que têm dificuldade em perceber esses sinais internos. Por exemplo, eles podem não perceber quando estão com fome, sede ou precisam usar o banheiro. Isso pode levar a desafios no desfralde ou na autorregulação das necessidades básicas.

Por outro lado, alguns autistas podem ser hipersensíveis à interocepção, o que significa que eles percebem esses sinais internos de maneira intensa e avassaladora. Eles podem constantemente sentir desconforto ou dor, mesmo quando não há causa aparente. Isso pode tornar a autorregulação emocional e física mais desafiadora.

A terapia ocupacional e outras abordagens de intervenção podem ser usadas para ajudar as pessoas com autismo a desenvolver uma melhor consciência e autorregulação da interocepção. Isso pode envolver estratégias para ajudar a identificar e responder adequadamente aos sinais internos, tornando o dia a dia mais gerenciável e confortável. É importante adaptar essas intervenções às necessidades individuais de cada pessoa com autismo, uma vez que as experiências de interocepção podem variar significativamente de um indivíduo para outro.

A Literalidade no Autismo

A literalidade é uma característica comum em muitas pessoas com autismo. Isso significa que eles têm dificuldade em entender expressões figurativas, metáforas e linguagem não literal. *Os autistas tendem a interpretar as palavras estritamente pelo seu significado literal.*

Trabalhar com essa dificuldade pode ser desafiador, mas também é importante para melhorar a compreensão e a comunicação da pessoa com autismo. Aqui estão algumas estratégias que podem ser úteis:

1. ***Explique as metáforas e expressões figurativas****:* Sempre que você usar uma expressão de linguagem figurativa ou metáfora, explique o que ela significa de maneira literal. Por exemplo, se você disser *"ele está se sentindo nas nuvens"*, explique que isso significa que a pessoa está muito feliz, não que ela está realmente flutuando no ar.

2. ***Use linguagem clara e direta****:* Evite usar linguagem ambígua ou figurativa sempre que possível. Tente se comunicar de maneira clara e direta para evitar confusões.

3. *Use apoios visuais*: Pode ser útil usar apoios visuais, como figuras ou desenhos, para ilustrar o significado de expressões figurativas. Isso pode tornar a compreensão mais concreta.

4. *Pratique a identificação de metáforas*: Inclua atividades que ajudem a identificar e compreender metáforas. Isso pode envolver jogos de adivinhação ou leitura de livros que contenham expressões figurativas.

5. *Seja paciente*: Lembre-se de que a literalidade é uma característica do autismo, e pode levar tempo para a pessoa desenvolver habilidades de compreensão mais abstrata. Seja paciente e continue trabalhando nessa habilidade ao longo do tempo.

6. *Incentive a comunicação*: Promova a comunicação aberta e incentive a fazer perguntas quando não entender algo. Isso ajudará a melhorar a compreensão e a comunicação no longo prazo.

Lidar com a literalidade no autismo requer paciência e prática, mas com o tempo e o apoio adequado, muitas pessoas com autismo podem melhorar sua capacidade de compreender e usar expressões figurativas e metáforas de maneira mais eficaz.

Figura 10 Copyright© Bernardo Brandão

Mudanças e Ansiedade

As mudanças podem ser muito estressantes. Isso ocorre porque muitas vezes os autistas preferem a previsibilidade e a rotina, e mudanças podem perturbar essa sensação de controle e segurança. Aqui estão algumas estratégias para ajudar a lidar com mudanças e reduzir a ansiedade:

1. **Comunique com antecedência**: Sempre que possível, comunique qualquer mudança planejada com antecedência. Isso dá à pessoa com autismo tempo para se ajustar à ideia da mudança e se preparar mentalmente.

2. **Use apoios visuais**: Apoios visuais, como calendários ou listas de tarefas, podem ser úteis para mostrar visualmente quando uma mudança ocorrerá. Isso pode ajudar a pessoa a entender o que esperar.

3. **Descreva a mudança de forma clara:** Use linguagem clara e direta para descrever a mudança. Evite linguagem ambígua que possa causar confusão.

4. **Ofereça suporte emocional**: Esteja disponível para oferecer apoio emocional à pessoa durante a mudança. Eles

podem se sentir ansiosos ou desconfortáveis, e saber que têm alguém com quem falar pode ser reconfortante.

5. **Pratique mudanças pequenas**: Às vezes, é útil praticar mudanças pequenas e controladas para ajudar a pessoa a se acostumar com a ideia de mudança. Isso pode ser feito através de jogos de simulação ou cenários de treinamento.

6. **Crie uma rotina flexível**: Embora a rotina seja importante para muitas pessoas autistas, é útil também criar uma rotina flexível que permita alguma variação e mudança. Isso pode ajudar a pessoa a se adaptar melhor a situações inesperadas.

7. **Esteja atento aos sinais de ansiedade**: Fique atento aos sinais de ansiedade na pessoa, como agitação, isolamento ou comportamentos repetitivos. Se você perceber esses sinais, tente ajudar a pessoa a se acalmar e a lidar com a ansiedade.

Lidar com mudanças pode ser desafiador para pessoas autistas, mas com o apoio adequado e a prática, elas podem aprender a gerenciar melhor a ansiedade e se adaptar a diferentes situações.

Comportamento Problema com Reforço Automático

O comportamento problema com reforço automático é desafiador de lidar, pois envolve um reforço que ocorre automaticamente devido à própria ação da pessoa. Isso pode ser observado em comportamentos repetitivos, como estereotipias, em que a pessoa com autismo pode encontrar uma sensação gratificante por meio desses comportamentos.

Aqui estão algumas estratégias que podem ser utilizadas para lidar com comportamentos problemáticos com reforço automático:

1. ***Identificar as funções do comportamento***: É importante entender por que o comportamento está ocorrendo. Isso pode exigir uma análise funcional para determinar se o comportamento está ocorrendo devido a reforço automático ou outras razões.

2. ***Criar um comportamento competitivo***: Uma abordagem é criar um comportamento alternativo que seja mais adaptativo e socialmente aceitável do que o comportamento problemático. Isso pode envolver ensinar a criança a substituir

o comportamento problemático por outro que não seja prejudicial.

3. ***Oferecer alternativas sensoriais***: Se o comportamento problemático estiver relacionado a uma necessidade sensorial, ofereça alternativas sensoriais apropriadas. Por exemplo, se a criança gosta de estimulação tátil, fornecer brinquedos ou objetos sensoriais adequados pode ajudar a redirecionar o comportamento.

4. ***Usar reforço não contingente***: Às vezes, é útil fornecer reforço não contingente, ou seja, reforço que não está diretamente ligado ao comportamento problemático. Isso pode ajudar a reduzir a necessidade do indivíduo de buscar o reforço automático.

5. ***Envolver profissionais de saúde***: Comportamentos problemáticos com reforço automático podem ser complexos de gerenciar, e é importante envolver profissionais de saúde, como terapeutas comportamentais, para desenvolver estratégias eficazes de intervenção.

6. ***Ser consistente***: A consistência nas estratégias de intervenção é fundamental. Certifique-se de que todas as pessoas envolvidas no cuidado da pessoa com autismo estejam

cientes das estratégias e as implementem de maneira consistente.

Lidar com comportamentos problemáticos com reforço automático requer paciência, compreensão e uma abordagem cuidadosa. Trabalhar em estreita colaboração com profissionais qualificados pode ser fundamental para o sucesso na redução desses comportamentos.

Figura 11 Copyright© Bernardo Brandão

Controle Inibitório

O controle inibitório é uma função executiva essencial que nos permite frear impulsos automáticos e controlar nossos pensamentos e ações. Desenvolver o controle inibitório é importante, especialmente para crianças com autismo, pois pode ajudar a melhorar a autorregulação e a capacidade de seguir regras.

Uma maneira de promover o desenvolvimento do controle inibitório é por meio de atividades que desafiam a capacidade da criança de inibir um comportamento automático em favor de um mais adequado, de acordo com uma regra. Aqui está um exemplo de atividade que pode ser usada para isso:

- Providencie um conjunto de imagens de animais da mesma espécie, mas de cores diferentes.

- Escolha uma cor para ser a *"cor proibida"*.

- Mostre as cartas uma a uma para a criança e peça que ela diga a espécie do animal.

- No entanto, quando você mostrar uma carta com a *"cor proibida"*, instrua a criança a não dizer nada, apenas ficar em silêncio.

É importante que as cartas sejam embaralhadas adequadamente para que a sequência seja variada e imprevisível. Isso desafiará a capacidade da criança de inibir o comportamento automático de responder à espécie do animal quando a *"cor proibida"* aparecer.

Essa atividade pode ser uma maneira eficaz e lúdica de ajudar as crianças a desenvolver o controle inibitório. À medida que praticam essa habilidade, elas podem se tornar mais capazes de seguir regras, tomar decisões conscientes e melhorar sua autorregulação. *Lembre-se de não repreender a criança quando ela errar, e de controlar suas expressões, pois a criança pode errar de propósito para ver sua expressão novamente.*

As Crises Nunca são *"do nada"*

É fundamental compreender que as crises no autismo não ocorrem "do nada". Elas têm suas raízes em uma série de fatores, muitos dos quais podem ser identificados e gerenciados com antecedência. Aqui estão algumas das causas comuns de crises em crianças autistas:

1. ***Quebra de Rotina***: Muitas crianças autistas são altamente sensíveis à rotina. Qualquer mudança inesperada na rotina diária pode desencadear ansiedade e, potencialmente, uma crise.

2. ***Sobrecarga Sensorial***: Estímulos sensoriais excessivos, como barulhos altos, luzes brilhantes ou texturas desconfortáveis, podem sobrecarregar as crianças autistas, levando a crises.

3. ***Comunicação Limitada***: Quando uma criança tem dificuldade em se comunicar eficazmente, seja por meio da fala ou de alternativas de comunicação, isso pode causar frustração e, eventualmente, levar a uma crise.

4. ***Sensibilidades Alimentares ou Sensoriais***: Sensibilidades a certos alimentos, texturas de comida ou sensibilidades sensoriais podem causar desconforto e, em alguns casos, crises.

5. ***Dificuldades de Interação Social***: Interagir socialmente pode ser desafiador para crianças autistas, e situações sociais complexas podem levar a sentimentos de ansiedade e, consequentemente, crises.

É importante que os cuidadores estejam atentos a sinais que indicam que uma crise está se aproximando. Isso pode incluir mudanças no comportamento da criança, como irritabilidade, agitação, aumento da estimulação vocal ou movimentos repetitivos. *Ao identificar esses sinais precoces, os cuidadores podem agir com paciência e empatia para ajudar a criança a evitar ou lidar com a crise de maneira menos intensa.* Além disso, criar um ambiente que seja previsível e seguro, respeitar a rotina da criança e oferecer suportes de comunicação adequados são estratégias importantes para minimizar o impacto das crises no autismo. Lembre-se de que cada criança é única, e o que desencadeia crises pode variar de uma criança para outra, portanto, a observação atenta e o apoio individualizado são essenciais.

Não Perguntar Quando a Resposta não é Opcional

É uma estratégia eficaz reconhecer que há momentos em que uma criança, incluindo aquelas com autismo, precisa realizar certas tarefas ou seguir uma rotina específica. Nestes casos, é fundamental estruturar as escolhas de maneira que a criança se sinta mais envolvida no processo. Isso pode ser feito através do uso de perguntas com opções limitadas.

Por exemplo, em vez de perguntar se a criança quer ou não tomar banho, você pode perguntar coisas *como "Você quer tomar banho antes ou depois de ler uma história?"* ou *"Você quer usar o sabonete branco ou o verde durante o banho?"*.

Essa abordagem oferece à criança um senso de controle dentro dos limites necessários, ao mesmo tempo em que garante que as tarefas importantes sejam concluídas. Isso pode ajudar a reduzir conflitos e resistência, tornando as atividades diárias mais gerenciáveis para todos os envolvidos.

No entanto, é importante notar que essa estratégia pode não ser aplicável a todas as situações. Em algumas circunstâncias, a tarefa pode ser inegociável por razões de segurança ou saúde, e é importante estabelecer expectativas claras nesses casos. Adaptar as abordagens de acordo com as necessidades individuais da criança é fundamental para promover uma cooperação eficaz.

Figura 12 Copyright© Bernardo Brandão

A Palavra *"não"* e o Autismo

É verdade que a palavra *"não"* pode ser desafiadora para algumas crianças, especialmente para aquelas com autismo, devido à sua natureza literal e à sensibilidade às mudanças. Ao optar por formas mais positivas e direcionadas de comunicação, podemos ajudar a reduzir potenciais desencadeadores de crises.

Substituir *"não"* por instruções mais específicas e positivas, como *"caminhe devagar"* ou *"use o brinquedo com cuidado"*, pode ser mais eficaz. Além disso, *é importante enfatizar o que a criança pode fazer, em vez de simplesmente negar o comportamento desejado*. Isso ajuda a tornar a comunicação mais clara e a reduzir o estresse associado ao *"não"*.

No entanto, é fundamental estabelecer limites claros e consistentes, mesmo que evitemos o uso excessivo da palavra *"não"*. *A criança dentro do espectro se beneficia de estruturas e expectativas previsíveis, portanto, estabelecer regras e limites de forma positiva é essencial para seu desenvolvimento.*

O objetivo é equilibrar a necessidade de direcionamento e limitação com uma comunicação que seja mais acessível e menos propensa a causar desconforto. Cada criança é única, portanto, é importante adaptar a abordagem de acordo com suas necessidades individuais e aprender quais formas de comunicação funcionam melhor para ela.

Figura 13 Copyright© Bernardo Brandão

Porque os Autistas Preferem ver Sempre os Mesmos Filmes

Os autistas muitas vezes preferem assistir sempre aos mesmos programas de TV por várias razões. Primeiro, a previsibilidade oferecida por esses programas pode ser reconfortante para eles. Eles já sabem o que esperar, o que pode ajudar a reduzir a ansiedade, uma vez que não precisam lidar com o desconhecido.

Além disso, assistir aos mesmos programas de TV repetidamente permite que eles criem uma sensação de controle e familiaridade em um mundo que, muitas vezes, pode ser confuso e imprevisível. Eles podem se sentir seguros e confortáveis ao ver algo que conhecem bem.

Outro motivo é que esses programas muitas vezes se tornam uma fonte de conforto emocional. Eles têm memórias positivas associadas a esses programas, o que pode trazer uma sensação de felicidade e segurança.

No entanto, é importante equilibrar o tempo gasto assistindo aos mesmos programas com outras atividades e estimulação. O uso excessivo da TV pode levar à hiperestimulação e à dificuldade em se envolver em outras atividades. E se a criança começar a retornar sempre no mesmo trecho do filme, ou do desenho esse comportamento deve ser evitado, pois se tornara uma auto estimulação, deixando-a muito mais agitada e reativa, devemos fazer com que a criança assista todo o programa. Portanto, é essencial que os cuidadores estejam atentos e incentivem uma variedade de experiências e interações para promover o desenvolvimento holístico da criança com autismo.

As Ondas do Espectro

O autismo pode ser comparado às ondas, com dias bons e dias desafiadores. Assim como as marés sobem e descem, as experiências de uma pessoa com autismo podem variar de um dia para o outro. *É importante reconhecer e celebrar os dias bons e os pequenos progressos diários. Esses momentos positivos são como pequenas vitórias que nos ajudam a recarregar nossas energias e a enfrentar os dias mais difíceis com mais paciência e tranquilidade.*

Nos dias bons, podemos ver o autismo de uma forma mais positiva e perceber o potencial e as conquistas da pessoa autista. Esses momentos nos lembram que, com o apoio adequado e a compreensão, as pessoas dentro do espectro podem alcançar grandes feitos e levar vidas plenas e satisfatórias.

Quando enfrentamos os dias desafiadores, lembramos das vitórias anteriores e das conquistas que já foram alcançadas. Isso nos dá a força para enfrentar os obstáculos e continuar apoiando a pessoa com autismo em sua jornada.

Assim como as ondas, os altos e baixos fazem parte da vida com autismo. *A chave é aproveitar ao máximo os momentos positivos e lembrar que os dias difíceis são passageiros.* Com amor, compreensão e apoio mútuo, podemos navegar por essas águas juntos e encontrar um equilíbrio que permita que todos cresçam e prosperem.

Figura 14 Copyright © Bernardo Brandão

Os Irmãos de Autistas

Os irmãos dos autistas desempenham um papel importante nas vidas das crianças com transtorno do espectro autista (TEA). Eles podem ser uma fonte de apoio, amor e compreensão, mas também enfrentam desafios únicos devido às necessidades especiais de seus irmãos com TEA.

É fundamental reconhecer que os irmãos de crianças com TEA podem se sentir sobrecarregados com a atenção que seus irmãos recebem, principalmente quando as demandas das crianças com TEA são altas. É importante reservar um tempo de qualidade para os irmãos sem transtorno, demonstrando amor e interesse em suas vidas. Isso ajuda a garantir que eles se sintam amados e validados em suas próprias experiências.

Além disso, os irmãos sem transtorno muitas vezes desenvolvem compreensão, paciência e empatia excepcionais, pois aprendem a lidar com as diferenças e desafios de seus irmãos com TEA. Eles podem se tornar mini terapeutas naturais, oferecendo apoio, proteção e amizade aos seus irmãos com TEA.

Para os pais e cuidadores, é essencial equilibrar a atenção e o cuidado entre todos os filhos. Isso envolve não apenas atender às necessidades do filho com TEA, mas também reconhecer e apoiar as necessidades emocionais e sociais dos irmãos sem transtorno. A comunicação aberta e o apoio psicológico, quando necessário, podem ser recursos valiosos para ajudar os irmãos a enfrentar os desafios e a desenvolver relacionamentos saudáveis com seus irmãos com TEA.

Figura 15 Copyright © Bernardo Brandão

A Família

Promover a integração familiar é essencial para fortalecer os laços afetivos e lidar eficazmente com os desafios que o autismo pode trazer para a dinâmica familiar. Aqui estão algumas maneiras de promover essa integração:

1. **Comunicação Aberta**: Incentive a comunicação aberta e honesta entre os membros da família, permitindo que todos expressem seus sentimentos, preocupações e necessidades em relação ao autismo e ao impacto que ele tem na família.

2. **Educação sobre Autismo**: Promova a compreensão e a aceitação do autismo entre os membros da família, fornecendo informações sobre as características do autismo, suas necessidades e desafios, bem como estratégias eficazes de apoio.

3. **Envolvimento Equitativo**: Garanta que todos os membros da família, incluindo irmãos neurotípicos, tenham oportunidades de se envolver ativamente no cuidado e apoio à pessoa autista, reconhecendo e valorizando suas contribuições individuais.

4. **Tempo de Qualidade:** Reserve tempo regularmente para atividades em família que promovam o vínculo e a conexão emocional, como jogos, passeios ao ar livre, refeições compartilhadas e hobbies em comum.

5. **Apoio Mútuo**: Encoraje os membros da família a se apoiarem mutuamente e a trabalharem juntos para enfrentar os desafios do autismo, compartilhando responsabilidades, oferecendo ajuda prática e demonstrando empatia e compreensão.

6. **Inclusão Social**: Promova a inclusão social da pessoa autista em atividades familiares e eventos sociais, adaptando as atividades conforme necessário para atender às suas necessidades e garantir que ela se sinta valorizada e incluída.

7. **Flexibilidade e Adaptação:** Esteja aberto a ajustar rotinas e planos familiares para acomodar as necessidades da pessoa autista, reconhecendo que a flexibilidade e a adaptação são essenciais para promover um ambiente familiar harmonioso.

8. **Cuidado com o Bem-Estar**: Priorize o bem-estar de todos os membros da família, incluindo cuidadores e irmãos, incentivando o autocuidado, o descanso adequado e o apoio emocional quando necessário.

Ao promover a integração familiar e fortalecer os vínculos entre os membros da família, é possível criar um ambiente de apoio, compreensão e amor que beneficia não apenas a pessoa autista, mas toda a família como um todo.

Figura 16 Copyright © Bornardo Brandão

Cuidar de Quem Cuida

Cuidar de quem cuida é uma parte essencial do processo quando se trata de criar uma criança com autismo. Mães e pais de crianças com transtorno do espectro autista (TEA) frequentemente enfrentam uma carga significativa de estresse e desafios diários. Eles estão constantemente preocupados com o bem-estar de seus filhos, o que pode levar a uma negligência de sua própria saúde física e mental.

É fundamental reconhecer que, para ser um cuidador eficaz e fornecer o melhor apoio possível às crianças com TEA, os pais precisam cuidar de si mesmos. *Isso inclui descansar, procurar apoio emocional quando necessário e não negligenciar sua própria saúde física e mental.*

Uma rede de apoio é fundamental. Amigos, familiares e grupos de apoio podem ser recursos valiosos para compartilhar experiências e encontrar conforto emocional. Além disso, tirar um tempo para cuidar de si mesmo, seja através de atividades relaxantes, exercícios ou mesmo buscar aconselhamento terapêutico, pode ajudar os pais a recarregar as energias e continuar enfrentando os desafios que o TEA pode trazer.

É importante lembrar que o bem-estar dos pais não é egoísta, mas sim necessário para fornecer o melhor ambiente de apoio e amor às crianças com TEA. *Cuidar de quem cuida é*

uma parte fundamental do processo de criar uma criança com autismo.

Sem dúvida, os cuidadores devem reservar um tempo, mesmo que pequeno, para cuidar de si mesmos. Isso pode incluir atividades simples, como assistir a um filme, tomar um banho tranquilo, ler um livro ou praticar algum hobby que lhes traga satisfação pessoal. Esses momentos de autocuidado são essenciais para recarregar as energias e reduzir o estresse que pode surgir ao cuidar de uma criança com autismo.

Às vezes, cuidar de si mesmo pode parecer um desafio, dada a demanda constante de atenção e cuidado que uma criança com TEA pode exigir. No entanto, é fundamental encontrar maneiras de equilibrar as responsabilidades de cuidar do filho com autismo com a importância de cuidar de sua própria saúde física e mental. *Mesmo pequenos momentos de autocuidado podem fazer uma grande diferença na qualidade de vida dos cuidadores e, por sua vez, beneficiar toda a família.*

O autocuidado para cuidadores de pessoas autistas é crucial para garantir que possam desempenhar seu papel de forma eficaz e saudável. Aqui estão algumas estratégias específicas que os pais e cuidadores podem adotar para cuidar de si mesmos enquanto cuidam de seus filhos autistas:

1. **Estabeleça limites saudáveis**: Reconheça seus próprios limites e aprenda a dizer não quando necessário. Não se sinta culpado por reservar tempo para si mesmo.

2. **Encontre apoio emocional**: Busque apoio de amigos, familiares, grupos de apoio ou profissionais de saúde mental que compreendam as demandas únicas de cuidar de uma pessoa autista.

3. **Cuide da sua saúde física:** Priorize uma dieta saudável, exercícios regulares e sono adequado. Reserve um tempo para atividades que o relaxem, como yoga, meditação ou caminhadas ao ar livre. *Faça controles de saúde regularmente, pois estamos focados em nossas crianças que não damos atenção aos sinais que o nosso corpo apresenta.*

4. **Envolva-se em atividades prazerosas**: Reserve tempo para hobbies ou atividades que lhe tragam alegria e relaxamento, mesmo que seja apenas por alguns minutos por dia.

5. **Comunique-se:** Compartilhe seus sentimentos e preocupações com seu cônjuge, familiares ou amigos próximos. Não carregue o fardo sozinho.

6. **Aprenda a delegar:** Não hesite em pedir ajuda quando precisar. Divida responsabilidades com seu cônjuge, familiares ou amigos para reduzir o estresse e a sobrecarga.

7. **Reserve tempo para si mesmo**: Tire tempo regularmente para cuidar de si mesmo, seja indo ao salão, fazendo uma pausa para ler um livro ou simplesmente relaxando em um banho quente.

8. **Busque recursos e informações**: Eduque-se sobre o autismo e as melhores práticas de cuidados para que possa tomar decisões informadas e se sentir mais confiante em sua capacidade de cuidar de seu filho.

Ao adotar essas estratégias de autocuidado, os cuidadores podem encontrar um equilíbrio mais saudável entre cuidar de seus filhos autistas e atender às suas próprias necessidades emocionais, físicas e mentais. Isso não apenas beneficia os cuidadores, mas também permite que eles ofereçam um apoio mais eficaz e amoroso aos seus filhos.

A Importância da Fé

A fé desempenha um papel significativo na jornada dos cuidadores de pessoas autistas, oferecendo apoio emocional e espiritual que pode ter impactos positivos na saúde física e mental. Aqui estão alguns aspectos importantes sobre a importância da fé para os cuidadores e o desenvolvimento da criança:

1. **Fonte de Esperança e Força**: A fé pode ser uma fonte de esperança e força para os cuidadores, ajudando-os a enfrentar os desafios diários com resiliência e determinação. *Acreditar em algo maior do que si mesmos pode fornecer uma sensação de propósito e significado, mesmo nos momentos mais difíceis.*

2. **Redução do Estresse e da Ansiedade**: A prática da fé, seja por meio da oração, meditação ou participação em comunidades religiosas, pode ajudar os cuidadores a reduzir o estresse e a ansiedade. *Acreditar que estão sendo apoiados por uma força superior pode trazer conforto e tranquilidade em meio às preocupações e incertezas.*

3. **Foco no Bem-Estar Mental e Emocional**: A fé pode incentivar os cuidadores a cuidarem de si mesmos, tanto mental quanto emocionalmente. *Buscar conforto espiritual pode motivá-los a adotar práticas de autocuidado*, como meditação, exercícios de respiração ou buscar aconselhamento, o que pode contribuir para uma melhor saúde mental e emocional.

4. **Promoção da Resiliência**: A fé pode fortalecer a resiliência dos cuidadores, capacitando-os a enfrentar os altos e baixos da jornada com coragem e perseverança. *Acreditar que existe um propósito maior por trás dos desafios pode ajudá-los a superar obstáculos e continuar avançando, mesmo nos momentos mais difíceis.*

5. **Impacto Positivo no Desenvolvimento da Criança**: *O estado emocional e mental dos cuidadores pode influenciar diretamente o ambiente em que a criança autista cresce e se desenvolve*. Cuidadores que estão emocionalmente equilibrados e fortalecidos pela fé podem oferecer um ambiente mais estável e amoroso para a criança, o que pode contribuir para seu bem-estar e desenvolvimento.

Portanto, *cultivar a fé pode ser uma ferramenta poderosa para os cuidadores de pessoas autistas, ajudando-os a enfrentar os desafios com esperança, resiliência e determinação. Ao cuidar* de si mesmos, os cuidadores podem, por sua vez, promover um ambiente de apoio e amor que contribua para o bem-estar e desenvolvimento da criança autista.

"Tudo posso naquele que me fortalece."

Filipenses 4:13

Figura 17 Copyright © Bernardo Brandão

Autista e seu Mundo?

É crucial entender que a impressão de que os autistas estão fechados em seu próprio mundo é falsa. Mesmo quando não estão fazendo contato visual ou parecem distraídos, os autistas estão absorvendo informações de seu ambiente de maneiras complexas e intensas. *Enquanto uma pessoa neurotípica tende a se concentrar em uma coisa por vez, os autistas processam múltiplas informações simultaneamente, incluindo sons, imagens, cheiros, conversas ao redor e sensações corporais.*

Essa sobrecarga sensorial pode ser avassaladora e levar a crises, mesmo que o autista não seja verbal e não consiga expressar o que está sentindo, ele pode sentir. Portanto, é fundamental que estejamos conscientes do ambiente ao redor dos autistas e das informações que estão sendo transmitidas a eles, mesmo que não estejam respondendo verbalmente ou pareçam distantes. Reconhecer essa intensa percepção do mundo é essencial para oferecer o apoio necessário e criar ambientes que promovam o bem-estar dos autistas.

O Que Fazer em Momento de Crise

Quando uma criança autista está passando por um momento de crise, é essencial agir com calma e compreensão. Primeiro, certifique-se de *manter o ambiente seguro*, removendo objetos que possam representar perigo. Em seguida, ofereça conforto à criança de acordo com suas preferências individuais. Alguns podem buscar abraços para se acalmar, enquanto outros podem preferir não ser tocados.

É importante lembrar que a **crise não é uma birra** intencional, mas sim uma reação desregulada a estímulos externos ou internos. *Tente desviar o foco* da criança para algo que possa acalmá-la, como sua atividade favorita ou um objeto reconfortante.

Após a crise passar e a criança estiver mais tranquila, é útil criar uma história social ou narrativa visual para ajudá-la a entender e processar o que aconteceu durante o episódio de crise. Isso pode incluir descrever as emoções sentidas, identificar gatilhos e discutir estratégias para lidar com situações semelhantes no futuro.

Quando um autista está passando por uma crise, é fundamental agir com calma, compreensão e empatia. Aqui

estão algumas orientações sobre como proceder durante uma crise:

1. **Mantenha a calma**: É importante permanecer tranquilo para ajudar a acalmar a criança. Evite demonstrar frustração ou irritação, pois isso pode intensificar a crise.

2. **Crie um ambiente seguro**: Remova objetos que possam representar perigo e crie um ambiente seguro para a criança. Reduza estímulos sensoriais excessivos, como barulhos altos ou luzes brilhantes.

3. **Observe e respeite as preferências da criança**: Algumas crianças podem preferir ser abraçadas durante uma crise, enquanto outras podem preferir ficar sozinhas. Respeite as preferências da criança e ofereça apoio de acordo com suas necessidades individuais.

4. **Use técnicas de autorregulação**: Ajude a criança a se acalmar usando técnicas de autorregulação, como respiração profunda, música suave ou estimulação tátil suave.

5. **Evite fazer perguntas ou dar comandos**: Durante uma crise, é melhor evitar fazer muitas perguntas ou dar

comandos à criança. Isso pode sobrecarregá-la ainda mais. Em vez disso, ofereça apoio de forma tranquila e reconfortante.

6. **Após a crise, ofereça suporte emocional**: Depois que a criança se acalmar, ofereça apoio emocional e demonstre compreensão. Discuta a crise de forma tranquila e empática, ajudando a criança a entender o que aconteceu e como lidar com situações semelhantes no futuro.

7. **Busque ajuda profissional, se necessário**: Se as crises forem frequentes ou intensas, considere buscar orientação de profissionais de saúde especializados em autismo. Eles podem oferecer estratégias adicionais para ajudar a criança a lidar com suas emoções e desafios comportamentais.

Lembre-se sempre de que cada criança é única, e as estratégias de apoio durante uma crise podem variar de acordo com suas necessidades individuais. O mais importante é demonstrar empatia, paciência e oferecer apoio amoroso para ajudar a criança a superar o momento difícil.

Comportamentos Auto e Heterolesivos

Em momentos de crise com comportamentos hetero ou auto lesivos em crianças com TEA é crucial agir com calma e seguir algumas diretrizes específicas para garantir a segurança da criança e ajudá-la a acalmar-se. Aqui estão algumas etapas a serem consideradas:

1. **Mantenha a calma**: É importante permanecer calmo e controlado, mesmo diante de comportamentos desafiadores. Isso ajudará a evitar que a situação se agrave e permitirá que você tome decisões com clareza.

2. **Priorize a segurança:** Avalie o ambiente para identificar possíveis fontes de perigo e remova objetos ou situações que possam representar riscos para a criança ou para os outros ao seu redor. Certifique-se de que a área esteja segura e livre de obstáculos.

3. **Evite reações impulsivas**: Não reaja de forma impulsiva ou agressiva diante dos comportamentos da criança. Evite gritar, repreender ou tentar conter fisicamente a criança, pois isso pode aumentar sua agitação e intensificar a crise. Como a criança tem dificuldade em interpretar as expressões

faciais, pode repetir os comportamentos para que você repita as expressões feitas em momento de crise.

4. Use estratégias de contenção: Se a criança estiver em risco de se machucar gravemente, use técnicas de contenção seguras e não violentas para protegê-la. Isso pode incluir abraços suaves, envolvê-la em um cobertor acolchoado ou segurá-la gentilmente com as mãozinhas junto ao corpo até que ela se acalme.

5. Ofereça apoio emocional: Demonstre empatia e compreensão, mesmo que a criança não consiga se comunicar verbalmente, *lembre-se ela pode não falar, mas sente*. Fique ao lado dela, ofereça palavras reconfortantes e transmita tranquilidade por meio de gestos e expressões faciais calmas.

6. Redirecione o comportamento: Tente redirecionar a atenção da criança para atividades ou objetos que possam ajudá-la a acalmar-se. Ofereça brinquedos sensoriais, objetos de conforto ou outras formas de estímulo que a criança goste e que possam distraí-la dos comportamentos desafiadores.

7. Registre a ocorrência: *Faça anotações sobre o que desencadeou a crise, os comportamentos observados e as estratégias utilizadas para lidar com a situação*. Criar um diário pode ajudar a identificar padrões de comportamento e orientar intervenções futuras.

8. **Procure apoio profissional:** Se os comportamentos de crise persistirem ou se tornarem frequentes, é importante buscar orientação de profissionais especializados em TEA, como psicólogos, terapeutas ocupacionais ou psiquiatras infantis. Eles podem oferecer avaliação, aconselhamento e intervenções personalizadas para ajudar a criança a lidar com seus desafios comportamentais.

Lidar com comportamentos hetero ou auto lesivos em crianças com TEA pode ser desafiador, mas com paciência, compreensão e estratégias apropriadas, é possível ajudar a criança a superar momentos de crise e promover seu bem-estar emocional e físico.

Seletividade Alimentar

A seletividade alimentar é comum em muitas crianças autistas e pode ser um desafio significativo para os cuidadores. Aqui estão algumas considerações importantes sobre esse tema:

1. **Sensibilidade sensorial**: Muitas crianças têm sensibilidades sensoriais específicas relacionadas à textura, cor, cheiro e sabor dos alimentos. Isso pode fazer com que sejam extremamente seletivas em relação aos alimentos que aceitam comer.

2. **Rotina e previsibilidade**: A rotina e a previsibilidade são importantes para crianças, e isso se estende à alimentação. Eles podem preferir os mesmos alimentos todos os dias, resistindo a experimentar novos alimentos devido ao medo do desconhecido.

3. **Hipersensibilidades gastrointestinais**: Alguns autistas podem ter sensibilidades gastrointestinais que afetam sua capacidade de comer certos alimentos. Isso pode levar à seletividade alimentar como uma forma de evitar desconforto ou dor. Por isso, se puder controlar a ingestão de glúten, leite e

embutidos que são de mais difícil digestão, será possível reduzir os problemas digestivos, e suas consequências.

4. **Intervenção gradual**: Uma abordagem gradual e paciente é essencial ao lidar com a seletividade alimentar. Introduzir novos alimentos de forma lenta e gradual, oferecendo pequenas porções e incentivando a exploração sensorial pode ajudar a criança a se sentir mais confortável com alimentos diferentes ao longo do tempo.

5. **Oferecer escolhas limitadas**: Dar à criança opções limitadas de alimentos pode ajudá-la a se sentir mais no controle e aumentar sua disposição para experimentar novos alimentos. No entanto, é importante garantir que as opções oferecidas sejam nutritivas e adequadas às suas necessidades dietéticas.

6. **Envolver a criança no processo**: Incluir a criança no processo de preparação e escolha de alimentos pode aumentar sua motivação para experimentar novos alimentos. Isso pode incluir atividades como ir às compras juntos, envolver-se na preparação de refeições e cultivar um jardim para cultivar alimentos frescos.

7. **Buscar suporte profissional**: Em casos de seletividade alimentar grave ou persistente, pode ser útil buscar

orientação de um profissional de saúde, como um nutricionista ou terapeuta ocupacional especializado em alimentação. Eles podem fornecer estratégias específicas e apoio individualizado para ajudar a abordar as preocupações alimentares da criança.

É importante lembrar que a seletividade alimentar nos autistas é complexa e pode variar de uma criança para outra. Paciência, compreensão e uma abordagem individualizada são essenciais para ajudar a criança a desenvolver uma relação saudável com os alimentos.

Trabalhar a seletividade alimentar requer uma abordagem gradual e paciente. Aqui estão algumas estratégias para ajudar a criança a expandir sua dieta:

1. **Identificar alimentos aceitos**: Comece identificando os alimentos que a criança já tolera bem. Isso pode incluir texturas, cores, formas ou cheiros específicos. Faça uma lista desses alimentos para orientar suas escolhas.

2. **Apresentar novos alimentos semelhantes**: Com base nos alimentos que a criança já aceita, comece a introduzir novos alimentos com características semelhantes. Por exemplo, se a criança gosta de purê de batata, experimente introduzir outras

verduras com mesma coloração e consistência cozidas e amassadas da mesma forma.

3. **Introdução gradual**: Apresente os novos alimentos de forma gradual e em pequenas quantidades. Comece com uma pequena porção e aumente conforme a criança se familiariza e se sente mais confortável com o novo alimento.

4. **Exploração sensorial**: Encoraje a criança a explorar os novos alimentos por meio de todos os sentidos. Deixe-a tocar, cheirar, observar e até mesmo brincar com os alimentos antes de tentar comê-los. Isso pode ajudar a reduzir a ansiedade em torno dos novos alimentos.

5. **Recompensas e incentivos**: Utilize recompensas e incentivos para motivar a criança a experimentar novos alimentos. Isso pode incluir elogios, adesivos, pontos em um sistema de recompensa ou a oportunidade de escolher uma atividade divertida após tentar o novo alimento.

6. **Modelagem de comportamento**: Os pais e cuidadores podem modelar um comportamento alimentar positivo, demonstrando entusiasmo ao experimentar novos alimentos e mostrando que é seguro e normal experimentar coisas novas, *seja o exemplo*.

7. **Persistência e paciência**: Lembre-se de que mudanças na dieta podem levar tempo e requerem paciência. Não desanime se a criança não aceitar um novo alimento imediatamente. Continue oferecendo oportunidades para experimentar novos alimentos de forma consistente e positiva.

8. **Consulte um profissional**: Em casos de seletividade alimentar grave ou persistente, é recomendável procurar orientação de um profissional de saúde, como um nutricionista ou terapeuta ocupacional especializado em alimentação. Eles podem oferecer suporte individualizado e estratégias específicas para lidar com as preocupações alimentares da criança.

O Senso de Justiça

Para indivíduos autistas, o senso de justiça pode ser uma questão muito importante e sensível. Eles tendem a ver o mundo em termos de regras rígidas e justiça absoluta. Aqui estão algumas considerações sobre o autismo e o senso de justiça:

1. **Rigidez nas regras**: Indivíduos autistas geralmente têm uma compreensão clara do que é certo e errado, e esperam que essas regras sejam seguidas por todos. Eles podem ter dificuldade em lidar com situações em que as regras não são aplicadas de maneira consistente ou quando percebem uma injustiça.

2. **Sensibilidade à promessas não cumpridas**: Promessas não cumpridas podem ser especialmente difíceis para os autistas, pois eles tendem a levar as palavras ao pé da letra e esperam que os outros façam o mesmo. Se alguém promete algo e não cumpre, isso pode gerar uma sensação de injustiça e decepção.

3. **Reações intensas à injustiça**: Quando percebem uma injustiça, os autistas podem ter reações emocionais intensas, como raiva, frustração ou tristeza. Eles podem ter dificuldade

em expressar essas emoções de maneira adequada e podem recorrer a comportamentos desafiadores para lidar com esses sentimentos.

4. **Necessidade de regras claras e consistentes**: Para ajudar os autistas a lidar com questões de justiça, *é importante estabelecer e manter regras claras e consistentes* em casa, na escola e em outros ambientes. Isso ajuda a fornecer uma estrutura e previsibilidade que pode ajudar a reduzir a ansiedade em torno de questões de justiça.

5. **Trabalhando a relativização**: É importante ajudar os autistas a entenderem que nem sempre as situações são preto no branco e que há nuances e complexidades em questões de justiça. Isso pode envolver trabalhar a relativização e ajudá-los a *ver as situações de diferentes perspectivas, considerando os sentimentos e necessidades dos outros.*

6. **Fornecer apoio emocional**: Quando os autistas estão lidando com questões de justiça, é importante oferecer-lhes apoio emocional e validar seus sentimentos. Isso pode envolver ouvi-los atentamente, ajudá-los a expressar seus sentimentos de maneira adequada e fornecer estratégias para lidar com a frustração e a raiva de forma construtiva.

Em suma, é importante oferecer apoio, para que os autistas aprendam a avaliar as situações não de forma extrema. Mas analisando de várias perspectivas. E que consigam fazer as melhores escolhas, sem radicalismo.

Critérios Diagnósticos Segundo DSM-V

O Transtorno do Espectro Autista (TEA) é caracterizado por uma variedade de sintomas que afetam a comunicação social, comportamento e interação social. Aqui estão os principais critérios diagnósticos do TEA, conforme o DSM-5 (Manual Diagnóstico e Estatístico de Transtornos Mentais):

1. **Déficits na comunicação social e interação social**:

- Dificuldade em iniciar e manter conversas.

- Dificuldade em compreender e responder a expressões faciais, gestos e sinais sociais.

- Dificuldade em desenvolver e manter relacionamentos apropriados para o nível de desenvolvimento.

2. **Comportamentos repetitivos e interesses restritos**:

- Estereotipias, como movimentos motores repetitivos (ex: balançar as mãos, balançar o corpo).

- Adesão inflexível a rotinas ou rituais específicos.

- Interesses restritos e intensos em tópicos específicos, com um foco excessivo em detalhes.

3. **Sensibilidade sensorial**:

- Hipersensibilidade ou hipossensibilidade a estímulos sensoriais, como luzes, sons, texturas e cheiros.

- Reações intensas a estímulos sensoriais, podendo manifestar-se como evitação de determinados ambientes ou comportamentos autoestimulantes.

4. **Atrasos ou dificuldades no desenvolvimento**:

- Atrasos ou diferenças na aquisição da linguagem verbal e não verbal.

- Dificuldades na coordenação motora.

- Dificuldades na imaginação e no jogo simbólico.

É importante notar que os sintomas do TEA podem variar significativamente de pessoa para pessoa e se manifestar de diferentes maneiras em diferentes estágios do desenvolvimento. Além disso, muitas pessoas com TEA também têm outras comorbidades (condições médicas ou psiquiátricas coexistentes), como epilepsia, transtorno de déficit de atenção e hiperatividade (TDAH), TOD, TEI, apraxia da fala, deficiência intelectual, ou ansiedade.

O diagnóstico preciso do TEA é feito por profissionais de saúde qualificados, como psicólogos, psiquiatras ou neuropediatras, ou pediatras capacitados, com base na avaliação clínica abrangente do desenvolvimento e do comportamento da pessoa. *Não existe um exame para confirmar o Autismo, o diagnóstico é clínico, através de uma observação multidisciplinar.* O diagnóstico precoce e a intervenção adequada são fundamentais para melhorar os resultados a longo prazo, pois a neuroplasticidade é maior na infância.

Figura 18 Copyright © Bernardo Brandão

Sinais no Primeiro Ano de Vida

No primeiro ano de vida, os sinais de Transtorno do Espectro Autista (TEA) podem ser sutis e variados. É importante observar atentamente o desenvolvimento da criança e estar ciente de possíveis indicadores que podem sugerir a presença de TEA. Aqui estão alguns sinais que podem ser observados durante o primeiro ano de vida:

1. Dificuldades na interação social:

- Pouco contato visual com cuidadores ou falta de resposta aos sorrisos e tentativas de interação social.

- Falta de interesse em brincar de forma interativa, como jogos de *"cucu"* ou *"vai-vem"* com os pais.

- Pouca atenção compartilhada, não mostras as coisas aos cuidadores, não buscar a aprovação do cuidador com o olhar.

- Choro excessivo, ou inexistente (bebês muito passivos, que quase não choram).

2. Atraso no desenvolvimento da linguagem:

- Ausência de balbucios até os 12 meses de idade.

- Falta de resposta a sons ou tentativas de comunicação verbal.

3. **Comportamentos repetitivos ou restritos:**

- Movimentos repetitivos, como balançar as mãos, girar objetos ou bater a cabeça.

- Preocupação excessiva com determinados objetos ou padrões sensoriais, como olhar fixamente para as luzes ou alinhar brinquedos.

4. **Hipersensibilidade ou hiposensibilidade sensorial**:

- Reações exageradas a estímulos sensoriais, como barulhos altos, luzes brilhantes ou texturas de alimentos.

- Pouca resposta a estímulos sensoriais, como não se incomodar com o desconforto de roupas apertadas ou não reagir a sons altos.

5. **Dificuldades de sono ou alimentação**:

- Problemas para adormecer ou manter um padrão de sono regular.

- Seletividade alimentar ou recusa em experimentar novos alimentos, dificuldades na amamentação.

6. **Falta de resposta ao nome**:

- Não reage quando chamado pelo nome, em pelo menos 80% das vezes em que for chamado.

- Parece não reconhecer ou se engajar quando seu nome é chamado.

7. Dificuldades de regulação emocional:

- Alterações frequentes de humor, como mudanças abruptas de choro para riso ou vice-versa.

- Dificuldades em se acalmar após um estímulo sensorial ou emocional intenso.

É importante lembrar que cada criança se desenvolve de maneira única e que nem todos os sinais indicam necessariamente TEA. No entanto, *se houver preocupações sobre o desenvolvimento de uma criança, é aconselhável consultar um profissional de saúde para uma avaliação adequada.* Um diagnóstico precoce e intervenção podem fazer uma diferença significativa no progresso e na qualidade de vida da criança. *Se a criança apresentar atrasos deve ser estimulada de maneira específica, para garantir um bom desenvolvimento.*

Discrepâncias no Desenvolvimento da Linguagem: Outro Sinal

As discrepâncias no desenvolvimento da linguagem são uma característica marcante do Transtorno do Espectro Autista (TEA), e refletem a ampla variação de habilidades e desafios que as pessoas com TEA podem enfrentar. Aqui estão algumas das discrepâncias comuns observadas:

1. **Início precoce ou tardio da linguagem**: Alguns indivíduos com TEA começam a falar precocemente, enquanto outros têm um atraso significativo na aquisição da linguagem verbal. Alguns podem não falar até depois dos três anos de idade.

2. **Ecolalia**: que é a repetição de palavras ou frases ouvida anteriormente. Isso pode incluir repetir o que outras pessoas dizem imediatamente (ecolalia imediata) ou mais tarde (ecolalia tardia).

3. **Preferência por não falar**: Alguns indivíduos com TEA podem preferir se comunicar de outras maneiras que não envolvam a fala, como através de comunicação não verbal, linguagem de sinais, tecnologias de comunicação alternativa, ou

de forma escrita, por haverem dificuldade na comunicação verbal e no entendimento das regras sociais.

4. **Fala excessiva**: Por outro lado, algumas pessoas com TEA podem falar em excesso e sobre tópicos específicos de interesse, sem considerar os sinais sociais ou o interesse dos outros na conversa. Isso pode resultar em monólogos prolongados sobre assuntos específicos.

5. **Desafios na linguagem pragmática**: Muitas vezes, pessoas com TEA têm dificuldade com a linguagem pragmática, que envolve o uso adequado da linguagem em contextos sociais. Isso pode incluir dificuldades em iniciar ou manter conversas, compreender linguagem não literal (como sarcasmo ou metáforas), ou seguir as regras sociais da conversação.

6. **Variação na compreensão da linguagem**: Alguns indivíduos com TEA podem ter dificuldade em compreender linguagem complexa, enquanto outros têm habilidades de compreensão excepcionais em áreas específicas de interesse.

Essas discrepâncias destacam a importância de uma abordagem individualizada para o suporte da linguagem em pessoas com TEA. Estratégias de comunicação adaptativas e intervenções específicas podem ajudar a atender às necessidades únicas de cada indivíduo, promovendo a comunicação eficaz e a participação significativa na sociedade.

Hiperlexia e o Autismo

A hiperlexia é um fenômeno caracterizado por uma habilidade precoce e impressionante na leitura, geralmente acompanhada por dificuldades significativas na linguagem oral e habilidades de compreensão. A hiperlexia é muito comum em crianças dentro do espectro. Porém, nem todas as crianças que tem hiperlexia são autistas.

As crianças com hiperlexia muitas vezes desenvolvem habilidades de leitura muito antes do esperado para sua idade cronológica, frequentemente aos 2 ou 3 anos de idade. No entanto, elas podem apresentar dificuldades na compreensão do que estão lendo, bem como na comunicação verbal e na interação social.

O diagnóstico e manejo da hiperlexia associada ao autismo podem ser desafiadores, pois essa capacidade de leitura autodidata pode levar os pais a atrasarem a busca pelo diagnóstico. Uma abordagem multidisciplinar, é necessária para entender e atender adequadamente às necessidades da criança.

O apoio educacional individualizado e as estratégias de intervenção precoce são essenciais para ajudar crianças com hiperlexia a desenvolverem suas habilidades de comunicação, compreensão e interação social, ao mesmo tempo em que capitalizam suas habilidades de leitura precoce.

Figura 19 Copyright © Bernardo Brandão

Brincadeiras Disfuncionais

O brincar disfuncional é uma característica comum em crianças com Transtorno do Espectro Autista (TEA). Isso se refere a padrões de brincadeira repetitivos, restritos e pouco convencionais. Em vez de se envolver em brincadeiras imaginativas ou simbólicas típicas de crianças da mesma idade, as crianças com TEA podem demonstrar preferência por atividades ou jogos específicos, muitas vezes de forma repetitiva e com foco intenso em detalhes.

Alguns exemplos de brincar disfuncional incluem:

1.**Jogos restritos**: As crianças com TEA podem fixar-se em jogos ou atividades específicas, como alinhar brinquedos em ordem precisa, girar objetos repetidamente ou focar em partes de um brinquedo em vez de brincar com ele como um todo.

2. **Interesses intensos e específicos**: Elas podem desenvolver interesses altamente específicos em determinados temas, objetos ou padrões sensoriais. Por exemplo, uma criança pode se dedicar inteiramente a trens, mapas, números ou luzes piscantes.

3. **Rituais e rotinas:** O brincar disfuncional também pode envolver a necessidade de seguir rituais ou rotinas rígidas durante as brincadeiras. Qualquer desvio dessas rotinas pode causar desconforto ou angústia na criança.

4. **Falta de jogo simbólico**: Muitas vezes, as crianças com TEA têm dificuldade em participar de brincadeiras simbólicas, como fingir que estão em uma situação imaginária ou representar papéis de personagens.

5. **Foco intenso em detalhes:** Elas podem se concentrar excessivamente em detalhes menores de um objeto ou atividade, perdendo de vista o contexto mais amplo da brincadeira.

É importante notar que o brincar disfuncional não é necessariamente prejudicial por si só, mas pode indicar dificuldades na flexibilidade cognitiva, imaginação e interação social. Os pais e profissionais podem ajudar as crianças com TEA a expandir seu repertório de brincadeiras, proporcionando oportunidades para brincadeiras estruturadas e incentivando a participação em atividades sociais e de grupo. O uso de brinquedos e jogos que estimulem a criatividade, a comunicação e a interação social também pode ser benéfico. Além disso, a terapia comportamental e o apoio educacional podem desempenhar um papel importante no desenvolvimento de habilidades de brincadeira mais flexíveis e adaptativas.

Figura 20 Copyright © Bernardo Brandão

Ecolalia

A ecolalia é um fenômeno linguístico comum no Transtorno do Espectro Autista (TEA), caracterizado pela repetição de palavras ou frases ouvidas anteriormente. Pode ocorrer de duas formas principais: ecolalia imediata e ecolalia tardia.

1. **Ecolalia imediata**: Nesse caso, a pessoa repete imediatamente o que acabou de ouvir, muitas vezes sem compreender totalmente o significado das palavras. Por exemplo, se alguém perguntar "*Você quer brincar?*" a pessoa com ecolalia imediata pode responder repetindo a pergunta em vez de dar uma resposta direta.

2. **Ecolalia tardia**: A ecolalia tardia envolve a repetição de palavras ou frases horas, dias ou até mesmo semanas após terem sido ouvidas. Por exemplo, a pessoa pode repetir uma frase de um filme assistido anteriormente ou uma instrução dada por um cuidador.

A ecolalia pode ter várias funções e significados no contexto do TEA:

- **Comunicação funcional**: Para algumas pessoas com TEA, a ecolalia pode ser uma forma de comunicação funcional. Eles podem usar a repetição como uma maneira de expressar necessidades, fazer pedidos ou responder a perguntas, especialmente quando têm dificuldade em formular palavras ou frases originais.

- **Processamento auditivo**: A ecolalia também pode refletir dificuldades no processamento auditivo. A pessoa pode estar tentando processar e compreender a linguagem que ouve repetindo-a várias vezes, o que pode ajudar na internalização do significado das palavras.

- **Prática linguística**: A repetição de palavras e frases pode servir como uma forma de prática linguística, ajudando a pessoa com TEA a desenvolver habilidades linguísticas e a assimilar novas palavras e estruturas gramaticais.

- **Conforto e autorregulação**: Em alguns casos, a ecolalia pode ser reconfortante para a pessoa com TEA, proporcionando uma sensação de segurança e previsibilidade. *A repetição de sons, palavras ou frases familiares pode ajudar a acalmar a ansiedade e a regular as emoções.*

É importante reconhecer que a ecolalia pode ser uma parte natural do desenvolvimento da linguagem em crianças com TEA e que pode desaparecer com o tempo, especialmente com intervenções adequadas de apoio à linguagem e comunicação. No entanto, quando a ecolalia interfere na comunicação funcional ou na participação social, estratégias de intervenção específicas podem ser implementadas para promover o uso mais adaptativo da linguagem.

Terapias

Existem várias terapias e abordagens recomendadas para o tratamento e suporte das pessoas com Transtorno do Espectro do Autismo (TEA). Essas terapias são frequentemente adaptadas às necessidades individuais de cada pessoa e podem abordar uma variedade de áreas, incluindo linguagem e comunicação, habilidades sociais, comportamento, habilidades motoras e funcionamento cognitivo. Aqui estão algumas das terapias mais comuns e eficazes:

1. **Terapia Comportamental Aplicada (ABA)**: A ABA é uma abordagem baseada em evidências que se concentra na aprendizagem de comportamentos socialmente relevantes. Ela utiliza técnicas de reforço positivo e modelagem para ensinar novas habilidades e reduzir comportamentos problemáticos. A ABA deve ser personalizada para atender às necessidades específicas de cada pessoa com TEA.

2. **Terapia de Integração Sensorial (TIS)**: A TIS é projetada para ajudar pessoas com TEA a processar e responder aos estímulos sensoriais de forma mais eficaz. Isso pode incluir atividades que visam estimular ou acalmar os sistemas sensoriais da pessoa, como toque, movimento, visão e audição.

3. Comunicação Alternativa e Aumentativa (CAA): Para pessoas com TEA que têm dificuldade com a linguagem verbal, a CAA pode fornecer sistemas de comunicação alternativos, como símbolos, imagens, dispositivos de comunicação e tecnologia assistiva para ajudá-las a se comunicar de forma mais eficaz.

4. Terapia Ocupacional (TO): A TO visa melhorar a capacidade da pessoa com TEA de realizar atividades cotidianas, como autocuidado, habilidades motoras finas e grossas, habilidades sociais e participação em atividades escolares e de lazer.

5. Terapia da Fala e Linguagem (TFL): A TFL é focada no desenvolvimento da linguagem oral, comunicação social, compreensão auditiva e expressão verbal. Ela pode incluir exercícios para melhorar a articulação, o vocabulário, a compreensão de linguagem e a pragmática social.

6. Terapia Social: Essa abordagem concentra-se no desenvolvimento de habilidades sociais e emocionais, como compreensão de pistas sociais, interação interpessoal, habilidades de amizade, empatia e resolução de problemas sociais.

7. **Treinamento de Pais**: O treinamento de pais é fundamental para ajudar os pais a entender as necessidades e os desafios de seus filhos com TEA, bem como para fornecer estratégias eficazes de manejo de comportamento e comunicação em casa e na comunidade.

Essas terapias frequentemente são aplicadas de forma integrada e interdisciplinar, com profissionais de diferentes áreas colaborando para fornecer um plano de tratamento abrangente e individualizado. É importante que o tratamento seja adaptado às necessidades específicas de cada pessoa com TEA e que seja revisado e ajustado regularmente à medida que ela cresce e se desenvolve. *Uma dica importante para quem não tem acesso a todas as terapias necessárias é o treinamento de pais e familiares, estudando e seguindo as indicações de um médico que faça a supervisão o é possível aplicar as técnicas em casa, e obter ótimos resultados.*

Dessensibilização Sensorial

A dessensibilização sensorial é um componente importante no tratamento e na gestão das sensibilidades sensoriais de pessoas com Transtorno do Espectro do Autismo (TEA). Aqui estão alguns exemplos de jogos e atividades que podem ser feitos em casa para ajudar na dessensibilização sensorial:

1. **Caixa Sensorial**: Monte uma caixa sensorial com diferentes materiais texturizados, como arroz cru, feijão, macarrão, algodão, areia ou massinha de modelar. *Deixe a criança explorar e brincar com esses materiais, permitindo que ela se acostume com diferentes texturas.*

2. **Brincadeiras com Água**: Encha uma bacia com água e adicione brinquedos flutuantes ou objetos texturizados para a criança explorar. Você também pode adicionar corantes alimentares para criar água colorida. Essa atividade pode ajudar a criança a se acostumar com a sensação da água e diferentes temperaturas.

3. **Massagem com Bola de Yoga**: Use uma bola de yoga ou uma bola de massagem para rolar suavemente sobre o corpo

da criança, aplicando uma pressão leve. Isso pode ajudar a criança a se acalmar e a se familiarizar com sensações táteis diferentes.

4. **Exploração de Alimentos**: Encoraje a criança a explorar alimentos com diferentes texturas, cores e sabores. Isso pode incluir frutas, legumes, iogurte, gelatina, purês e alimentos crocantes. Comece com pequenas quantidades e deixe a criança explorar os alimentos com as mãos ou com utensílios sensoriais.

5. **Jogo da Caixa Surpresa**: Monte uma caixa com objetos variados e peça para a criança colocar a mão dentro da caixa e adivinhar o que é cada objeto sem olhar. Isso pode ajudar a criança a se acostumar com diferentes texturas e sensações táteis.

6. **Brincadeiras ao Ar Livre**: Leve a criança para brincar ao ar livre, onde ela possa experimentar diferentes sensações, como a grama sob os pés, a brisa no rosto, a textura das folhas e o som dos pássaros. Isso pode ajudar a criança a se acostumar com estímulos sensoriais variados do ambiente externo.

É importante adaptar essas atividades às preferências e necessidades individuais da criança, respeitando seus limites e fornecendo apoio e encorajamento durante o processo de dessensibilização sensorial.

Figura 21 Copyright © Bernardo Brandão

Brincando

Aqui estão alguns exemplos de jogos e atividades que podem ser adaptados para fazer em casa:

1. **Quebra-cabeças**: Quebra-cabeças são ótimos para trabalhar a concentração, coordenação motora e habilidades de resolução de problemas. Escolha quebra-cabeças com imagens simples e coloridas, ajustando a dificuldade de acordo com o nível de habilidade da criança.

2. **Jogos de encaixe:** Jogos que envolvem encaixar peças, como blocos de montar, Legos ou peças de madeira, ajudam a desenvolver habilidades motoras finas e concentração. Inicie com atividades simples de encaixe e aumente a complexidade conforme a criança progride.

3. **Jogos de correspondência**: Cartões de correspondência com imagens ou palavras podem ser usados para jogos de memória, associação e categorização. Isso ajuda no desenvolvimento da memória visual e no reconhecimento de padrões.

4. **Brincadeiras sensoriais**: Explore diferentes materiais sensoriais, como massinha de modelar, areia cinética, bolhas de sabão, ou água colorida, para estimular os sentidos da criança e promover a exploração sensorial.

5. **Jogos de imitação**: Faça jogos de imitação onde a criança pode imitar movimentos simples, expressões faciais ou ações do cuidador. Isso ajuda no desenvolvimento da linguagem, habilidades sociais e compreensão de padrões de interação.

6. **Jogos de imersão**: Crie uma tenda ou cabana com lençóis e almofadas, criando um espaço aconchegante onde a criança possa se sentir segura e relaxada. Isso pode ser usado para leitura de histórias, brincadeiras simbólicas ou simplesmente para se refugiar em momentos de sobrecarga sensorial.

7. **Jogos de movimento**: Faça jogos que envolvam movimento, como dança livre, seguir o líder, ou jogos de o mestre mandou. Isso ajuda a criança a liberar energia, desenvolver habilidades motoras e promover interação social.

8. **Atividades de arte:** Forneça materiais de arte, como lápis de cor, giz de cera, tintas e papel, para a criança se

expressar livremente através da arte. Isso pode ajudar a criança a desenvolver habilidades de comunicação não verbal e expressão emocional.

Essas são apenas algumas ideias de jogos e atividades que podem ser adaptados. É importante considerar os interesses, habilidades e necessidades individuais da criança ao planejar essas atividades, e sempre fornecer apoio e incentivo durante o processo de aprendizagem e exploração.

Jogos Motores

Aqui estão alguns exemplos de jogos motores que podem ser usados para estimular o equilíbrio e os reflexos em crianças:

1. **Jogo da trilha**: Crie uma trilha de obstáculos usando almofadas, cones, arcos ou outros objetos disponíveis. Peça à criança para percorrer a trilha pulando, equilibrando-se em uma perna, dando passos largos ou estreitos, entre outras variações, enquanto mantém o equilíbrio.

2. **Pular corda**: Pular corda é uma ótima maneira de trabalhar o equilíbrio, a coordenação e os reflexos. Comece com movimentos simples de pulo e, conforme a criança se sentir mais confiante, introduza variações como pulos alternados, pulos duplos e pulos em sequência.

3. **Jogo de pegar:** Brinque de pegar com a criança, incentivando-a a desviar e esquivar-se dos movimentos do pegador. Isso ajuda a desenvolver os reflexos e a capacidade de reação rápida.

4. **Caminhada na linha**: Desenhe uma linha reta no chão ou use fita adesiva para criar uma linha de equilíbrio. Peça à

criança para caminhar ao longo da linha, equilibrando-se com os braços estendidos para os lados. Conforme ela progride, desafie-a a caminhar mais rápido ou em diferentes direções.

5. **Jogo de pegar objetos**: Espalhe objetos pela área de jogo e peça à criança para pegá-los enquanto se movimenta de maneira rápida e segura. Isso ajuda a desenvolver a agilidade, a coordenação motora e os reflexos.

6. **Jogo de imitar**: Faça movimentos rápidos e imprevisíveis e peça à criança para imitá-los. Isso inclui movimentos como pular, girar, agachar e saltar. Este jogo ajuda a criança a desenvolver seus reflexos e capacidade de reação rápida.

7. **Desafios de equilíbrio:** Crie desafios de equilíbrio usando superfícies instáveis, como bolas de equilíbrio, almofadas de ar, ou pranchas de equilíbrio. Peça à criança para ficar em pé, caminhar ou pular nessas superfícies, ajustando o nível de dificuldade conforme ela progride.

Estes são apenas alguns exemplos de jogos motores que podem ser usados para estimular o equilíbrio e os reflexos em crianças. *É importante adaptar os jogos de acordo com a idade, habilidades e interesses individuais da criança, garantindo sempre um ambiente seguro e supervisionado durante as atividades.*

Figura 22 Copyright © Bernardo Brandão

Enfrentando Dificuldades na Escola

Enfrentar as dificuldades na escola pode ser desafiador, mas há estratégias que podem ajudar a lidar com essas situações:

1. **Com outras crianças**: Incentive a interação social, criando oportunidades estruturadas para a criança interagir com os colegas. Promova atividades em grupo que incentivem a cooperação e o trabalho em equipe. *Iniciando com pequenos grupos*. Ensine habilidades sociais específicas por meio de jogos de papéis e modelagem de comportamento.

2. **Com pais**: Mantenha uma comunicação aberta e honesta com os pais e responsáveis da criança. Compartilhe informações sobre o progresso acadêmico, as necessidades individuais e as estratégias que estão sendo utilizadas na escola. Promova encontros regulares para discutir o desenvolvimento da criança e colaborar na elaboração de planos de apoio.

3. **Com professores**: *Estabeleça uma parceria colaborativa* com os professores da criança. Forneça informações sobre o TEA e as necessidades específicas da criança. Desenvolva um plano de apoio individualizado que inclua adaptações curriculares, estratégias de ensino

diferenciadas e apoio para o desenvolvimento social e emocional. Mantenha uma comunicação regular para monitorar o progresso e fazer ajustes conforme necessário.

4. **Promova a compreensão**: Eduque a comunidade escolar sobre o TEA e promova a aceitação e a inclusão de crianças com necessidades especiais. Realize palestras, workshops ou atividades educativas para sensibilizar os colegas, professores e pais sobre as características do TEA e como apoiar as crianças afetadas.

5. **Desenvolva a auto advocacia:** Ensine a criança a defender suas próprias necessidades e a se comunicar de forma eficaz com os outros. Ajude-a a desenvolver habilidades de autogestão, como identificar suas emoções, *pedir ajuda quando necessário* e resolver conflitos de forma construtiva.

6. **Crie um ambiente inclusivo:** Promova um ambiente escolar inclusivo e acolhedor, onde todas as crianças se sintam valorizadas e respeitadas. Incentive a diversidade e celebre as diferenças individuais. Estabeleça regras claras contra o bullying e o preconceito, e *intervenha imediatamente em casos de comportamento inadequado.*

Ao enfrentar as dificuldades na escola, *é essencial trabalhar em conjunto com todos os envolvidos para garantir o bem-estar e o sucesso acadêmico e social da criança com TEA.* O apoio e a compreensão de colegas, pais, professores e profissionais da saúde são fundamentais para criar um ambiente inclusivo e favorável ao desenvolvimento da criança.

O Elopement (Comportamento de Fuga)

O elopement, também conhecido como fuga ou evasão, é um comportamento comum em algumas pessoas com Transtorno do Espectro Autista (TEA). *Refere-se à tendência de uma pessoa, especialmente uma criança, a fugir ou sair sem aviso prévio de um ambiente supervisionado.* Isso pode ser preocupante e perigoso, pois coloca a pessoa em risco de se perder, sofrer ferimentos ou encontrar situações potencialmente perigosas.

Existem várias razões pelas quais o elopement pode ocorrer em indivíduos com TEA:

1. **Sensibilidade sensorial:** Algumas crianças com TEA podem ser sensíveis a estímulos sensoriais no ambiente ao seu redor, como barulhos altos, multidões ou luzes brilhantes. *Eles podem fugir do ambiente para escapar desses estímulos aversivos.*

2. **Interesses obsessivos**: Outra razão pode ser a *busca por algo de interesse obsessivo.* Por exemplo, uma criança pode fugir para encontrar um objeto específico, seguir uma rotina familiar ou explorar um local que seja de seu interesse.

3. **Falta de percepção de perigo**: Alguns indivíduos com TEA podem ter *dificuldade em avaliar os riscos* associados à fuga. Eles podem *não compreender os perigos* do tráfego, da água ou de outros ambientes potencialmente perigosos.

4. **Comunicação deficiente**: Em alguns casos, *a fuga pode ser uma forma de comunicação para expressar uma necessidade ou desejo não atendido.* Se uma criança não consegue se comunicar verbalmente suas necessidades, ela pode tentar fugir para chamar a atenção ou expressar frustração.

Para lidar com o elopement no autismo, é importante implementar estratégias de prevenção e intervenção:

1. **Supervisão constante**: *Mantenha uma supervisão próxima e constante da criança, especialmente em ambientes desconhecidos ou potencialmente perigosos.* Considere o uso de dispositivos de segurança, como cercas, fechaduras e alarmes, para evitar fugas não supervisionadas.

2. **Comunicação eficaz**: *Ensine e promova habilidades de comunicação alternativa,* como uso de PECS (Sistema de Comunicação por Troca de Figuras), comunicação por meio de

dispositivos eletrônicos ou uso de sinais gestuais, para ajudar a criança a expressar suas necessidades de forma segura.

3. **Identificação de gatilhos:** *Identifique os gatilhos que podem desencadear episódios de fuga e trabalhe para minimizá-los sempre que possível.* Isso pode incluir reduzir a exposição a estímulos sensoriais aversivos, fornecer rotinas consistentes e oferecer suporte emocional e social adequado.

4. **Educação e treinamento**: Eduque familiares, cuidadores e profissionais da escola sobre o elopement e as estratégias de prevenção e intervenção adequadas. Realize treinamentos regulares para garantir que todos saibam como agir em caso de fuga e como manter a segurança da criança.

5. **Avaliação profissional**: Consulte profissionais especializados em TEA, como psicólogos, terapeutas ocupacionais ou médicos especializados, para avaliar e desenvolver um plano de intervenção individualizado para lidar com o elopement e outros comportamentos desafiadores associados ao TEA.

Ao adotar essas medidas preventivas e estratégias de intervenção, é possível ajudar a reduzir o risco de elopement e garantir a segurança e o bem-estar das pessoas com TEA.

Meltdown x Shutdowns

Os meltdowns e shutdowns são duas formas de reações intensas que podem ocorrer em pessoas com Transtorno do Espectro Autista (TEA), *geralmente em resposta a estresse, sobrecarga sensorial ou dificuldades de processamento emocional.* Aqui está uma explicação de cada um:

1. Meltdown

Um meltdown é uma *explosão emocional intensa* que ocorre quando uma pessoa com TEA fica sobrecarregada com estresse, frustração, ansiedade ou outras emoções intensas.

Durante um meltdown, a pessoa pode perder o controle sobre suas emoções e comportamentos, resultando em choro, gritos, agitação, comportamento agressivo, autolesão ou outras manifestações de angústia.

Meltdowns podem ser desencadeados por uma variedade de fatores, incluindo mudanças na rotina, estímulos sensoriais avassaladores, dificuldades de comunicação ou interações sociais estressantes.

- É importante reconhecer que um meltdown não é um comportamento intencional ou manipulativo, mas sim uma resposta involuntária a uma situação desafiadora.

2. Shutdown:

Um shutdown *é uma reação de retirada ou retraimento* que ocorre quando uma pessoa com TEA se sente sobrecarregada e incapaz de lidar com o estresse ou estímulos do ambiente.

Durante um shutdown, a pessoa pode parecer distante, desconectada, silenciosa ou entorpecida. Ela pode evitar o contato visual, se isolar socialmente e parecer incapaz de responder a estímulos externos.

Os shutdowns podem ser uma forma de autopreservação, uma maneira de a pessoa com TEA se proteger da sobrecarga sensorial ou emocional, buscando um ambiente seguro e tranquilo.

- Assim como os meltdowns, os shutdowns não são comportamentos intencionais, mas sim respostas adaptativas a situações estressantes.

É importante que cuidadores, familiares, professores e profissionais que trabalham com pessoas com TEA estejam cientes dos sinais de meltdowns e shutdowns e saibam como apoiar adequadamente durante esses momentos:

- Ofereça um ambiente seguro e calmo.
- Reduza a estimulação sensorial.
- Forneça apoio emocional e compreensão.

- Respeite a necessidade de espaço pessoal.

- Ajude a pessoa a regular suas emoções e se acalmar, se necessário.

- Após o episódio, forneça oportunidades para a pessoa se recuperar e retomar as atividades de maneira gradual e suave.

Ao reconhecer e responder de maneira apropriada aos meltdowns e shutdowns, é possível ajudar a pessoa com TEA a se sentir mais apoiada, compreendida e capaz de lidar com as dificuldades que enfrenta.

Reforços

O reforço é uma importante técnica de condicionamento utilizada em diversas abordagens terapêuticas, como a análise do comportamento aplicada (ABA), para promover a aprendizagem e o desenvolvimento de novos comportamentos. Existem diferentes tipos de reforço, cada um com suas características e efeitos. Vamos discutir os principais:

1. **Reforço Positivo**: Refere-se à *apresentação de um estímulo reforçador após a ocorrência de um comportamento desejado,* aumentando a probabilidade de que esse comportamento se repita no futuro. Por exemplo, elogiar uma criança por completar uma tarefa doméstica ou dar um adesivo como recompensa por bom comportamento na escola.

2. **Reforço Negativo**: Envolve *a remoção ou evitação de um estímulo aversivo após a ocorrência de um comportamento desejado*, também aumentando a probabilidade de que esse comportamento se repita. Um exemplo seria permitir que uma criança evite uma atividade que ela não gosta após terminar suas tarefas.

3. **Punição Positiva**: Embora não seja estritamente um tipo de reforço, é importante mencionar a punição positiva, que envolve a *apresentação de um estímulo aversivo após a ocorrência de um comportamento indesejado*, com o objetivo de reduzir a probabilidade desse comportamento no futuro. Um exemplo seria repreender uma criança por mau comportamento.

4. **Punição Negativa**: Similarmente à punição positiva, a punição negativa também não é considerada um tipo de reforço. Envolve a *remoção de um estímulo positivo após a ocorrência de um comportamento indesejado*, com o objetivo de reduzir a probabilidade desse comportamento no futuro. Por exemplo, retirar o acesso a um brinquedo favorito como consequência de mau comportamento.

5. **Reforço Intermitente**: Refere-se *à apresentação de reforço apenas ocasionalmente*, em vez de após cada ocorrência do comportamento desejado. Isso pode ser mais eficaz a longo prazo, uma vez que mantém o comportamento motivado mesmo quando o reforço não é constante. Um exemplo seria elogiar uma criança apenas ocasionalmente por completar suas tarefas, em vez de sempre. Devemos estar atentos aos reforços intermitentes não intencionais, como as vezes deixar a criança usar o telefone para se acalmar após apresentar maus

comportamentos, isso pode prejudicar a extinção de comportamentos indesejados.

6. **Reforço Diferencial:** Envolve *reforçar seletivamente um comportamento desejado enquanto ignora comportamentos indesejados semelhantes*. Por exemplo, elogiar uma criança por sentar-se tranquilamente durante a aula, enquanto ignora comportamentos de agitação.

É importante adaptar o tipo de reforço ao indivíduo e à situação específica, considerando suas necessidades, preferências e o contexto em que o comportamento ocorre. *Além disso, é fundamental que o reforço seja consistente, claro e imediato para ser eficaz na modificação do comportamento. Lembre-se que o que é reforçador para uma pessoa pode não ser reforçador para a outra pessoa.*

Na análise do comportamento aplicada (ABA), o reforço é considerado uma ferramenta fundamental para promover a aprendizagem e o desenvolvimento de novos comportamentos. A eficácia do reforço em comparação com a punição é amplamente reconhecida dentro da ABA, e isso se deve a várias razões:

1. **Foco na Promoção de Comportamentos Desejados**: *A ABA prioriza a promoção de comportamentos desejados* em vez de simplesmente punir comportamentos indesejados. Reforçar comportamentos adaptativos e socialmente apropriados é mais eficaz a longo prazo do que apenas tentar suprimir comportamentos problemáticos.

2. **Construção de Competências e Habilidades**: O reforço positivo é usado para incentivar e fortalecer comportamentos específicos, ajudando a criança a desenvolver habilidades importantes. Isso pode incluir habilidades sociais, de comunicação, acadêmicas e de autocuidado.

3. **Foco no Bem-Estar e na Motivação**: O reforço positivo cria uma associação positiva entre o comportamento desejado e a consequência positiva que o segue. Isso aumenta a motivação da criança para se envolver em comportamentos adaptativos, melhorando seu bem-estar geral.

4. **Redução de Comportamentos Indesejados de Forma Natural:** *Reforçar comportamentos alternativos e incompatíveis com os comportamentos problemáticos pode levar naturalmente à redução desses comportamentos problemáticos.* Por exemplo, ensinar a criança a pedir ajuda em

vez de recorrer a comportamentos agressivos para obter atenção.

5. Manutenção do Engajamento e da Colaboração: O uso de reforço positivo ajuda a manter o engajamento da criança nas atividades terapêuticas e promove uma relação positiva entre a criança e o terapeuta ou cuidador. Isso *cria um ambiente mais colaborativo e facilita a aprendizagem.*

É importante destacar que, dentro do contexto da análise do comportamento aplicada (ABA), **a punição não se refere a castigos físicos ou repreensões verbais.** Em vez disso, a punição envolve a *remoção de um estímulo ou consequência* que diminui a probabilidade de o comportamento ocorrer novamente no futuro. Isso pode incluir a retirada de reforços positivos ou a introdução de consequências aversivas que levam à redução do comportamento indesejado.

Por exemplo, se uma criança está engajada em um comportamento inadequado, como bater em outra pessoa, o terapeuta pode implementar um procedimento de punição retirando a oportunidade de acesso a um brinquedo preferido por um curto período de tempo. Nesse caso, o brinquedo atua como um reforço positivo que é retirado como consequência do comportamento agressivo, com o objetivo de reduzir a

probabilidade de que o comportamento agressivo ocorra novamente no futuro.

É importante ressaltar que, embora a punição possa ser eficaz a curto prazo para interromper comportamentos inadequados, ela tem sido associada a alguns efeitos adversos, como aumento da ansiedade, ressentimento e possíveis efeitos negativos no relacionamento entre a criança e o terapeuta. Por esse motivo, *a ABA enfatiza o uso do reforço positivo como uma abordagem preferencial para promover comportamentos desejados e ensinar habilidades adaptativas, reservando a punição para situações específicas e aplicada com cautela e consideração cuidadosa de seus efeitos potenciais.*

Usando a Tecnologia a Nosso Favor

Já mencionamos que as telas podem ser prejudiciais. Mas o uso de tecnologia e recursos de apoio desempenha um papel fundamental no suporte às necessidades de comunicação, aprendizado e independência das pessoas autistas. Aqui estão algumas maneiras pelas quais a tecnologia pode ser utilizada, juntamente com exemplos de recursos tecnológicos, aplicativos, programas e jogos que podem ser úteis:

1. **Comunicação Alternativa e Aumentativa (CAA):** Para pessoas autistas com dificuldades de comunicação verbal, aplicativos e dispositivos de CAA podem ajudar a expressar pensamentos, sentimentos e necessidades. Exemplos incluem o aplicativo Proloquo2Go, que oferece símbolos visuais e voz sintetizada para auxiliar na comunicação. Ou baixar imagens para o sistema de troca de imagens (Pecs).

2. **Treinamento de Habilidades Sociais:** Aplicativos e programas podem ser usados para ensinar e praticar habilidades sociais, como reconhecimento facial, expressão emocional e interações sociais. Um modo simples de incentivar a comunica é o WhatsApp, usado com um familiar treinado, você pode ajudar na comunicação e estimular a troca de informações.

3. **Antecipação :** usando os vídeos e imagens do Google você pode preparar a criança para as novas atividades que ela deverá enfrentar, seja uma consulta ao dentista, uma radiografia, uma visita ao parque. Você pode mostrar as imagens ou vídeos e antecipar a criança o que acontecerá, reduzindo a ansiedade e o estresse.

4. **Gerenciamento de Rotina e Organização**: Aplicativos de gerenciamento de tempo e tarefas podem ajudar pessoas autistas a manterem rotinas, horários e agendas organizadas. Exemplos incluem o aplicativo Visual Schedule Planner, que permite criar e visualizar rotinas diárias usando imagens e texto. Ou a própria agenda do celular, com os lembretes ativados.

5. **Sensorial e Auto regulação**: Aplicativos e jogos projetados para fornecer estímulo sensorial controlado podem ajudar pessoas autistas a regular suas emoções e estados sensoriais. Exemplos incluem aplicativos de relaxamento com sons da natureza, cores suaves e técnicas de respiração.

6. **Ensinando novos comportamentos**: você pode criar vídeos com os comportamentos que deseja ensinar ao seu filho, como por exemplo como lavar as mãos, você pode fazer um

vídeo quando estiver lavando as mãos, lentamente, e explicando o passo a passo, para depois mostrar para a criança.

7. **Aprendizagem Lúdica**: Jogos educacionais e aplicativos podem ser usados para ensinar habilidades acadêmicas, sociais e de vida de forma divertida e envolvente. Exemplos incluem aplicativos como o Math Doodles, que utiliza jogos e quebra-cabeças matemáticos para ensinar conceitos matemáticos de maneira interativa. Ou mesmo o uso do Word para a alfabetização.

Esses são apenas alguns exemplos do amplo espectro de recursos tecnológicos disponíveis para apoiar pessoas autistas em diferentes aspectos de suas vidas. À medida que a tecnologia continua a avançar, é importante explorar e aproveitar as oportunidades que ela oferece para promover o bem-estar e a inclusão das pessoas autistas em nossa sociedade.

A Teoria da Mente

A Teoria da Mente é a capacidade de compreender os pensamentos, crenças, desejos e intenções dos outros, além de reconhecer que essas podem ser diferentes das nossas próprias. *No contexto do autismo, a Teoria da Mente é frequentemente afetada, o que pode resultar em dificuldades de compreensão social e interação.*

Indivíduos autistas podem apresentar desafios na interpretação das emoções e intenções das outras pessoas, bem como na comunicação eficaz de seus próprios pensamentos e sentimentos. Isso pode levar a dificuldades na construção de relacionamentos sociais, na leitura de pistas sociais sutis e na antecipação das ações dos outros.

Para apoiar o desenvolvimento da Teoria da Mente em pessoas autistas, é importante fornecer intervenções específicas que visem melhorar suas habilidades de compreensão social e comunicação. Isso pode incluir:

1. Ensinar habilidades de reconhecimento facial e expressão emocional. Com jogos de faz de conta, por exemplo.

2. Praticar a interpretação de pistas sociais, como linguagem corporal, tom de voz e expressões faciais.

3. Usar histórias sociais e narrativas para ensinar sobre diferentes perspectivas e emoções.

4. Promover a prática de habilidades de comunicação verbal e não verbal.

5. Oferecer oportunidades estruturadas de interação social e jogo cooperativo.

É importante lembrar que o desenvolvimento da Teoria da Mente pode ser um processo gradual e que cada indivíduo autista pode ter necessidades e capacidades diferentes. Portanto, abordagens individualizadas e sensíveis às necessidades específicas de cada pessoa são essenciais para apoiar seu desenvolvimento social e emocional.

PEI

O Plano Educacional Individualizado (PEI) é um documento fundamental para o planejamento e a implementação de estratégias educacionais personalizadas para alunos com necessidades especiais, incluindo aqueles com autismo. Aqui está uma visão geral de quem deve elaborar o PEI, como deve ser feito e o que deve conter:

1. Elaboração do PEI:

A elaboração do PEI geralmente é realizada por uma equipe multidisciplinar, que pode incluir professores, profissionais da saúde, terapeutas, psicólogos, pais ou responsáveis legais e outros especialistas, dependendo das necessidades específicas do aluno.

A equipe trabalha em conjunto para identificar as necessidades, habilidades, interesses e metas educacionais do aluno, levando em consideração suas características individuais e o ambiente escolar.

2. Processo de Elaboração:

O processo de elaboração do PEI começa com a coleta de informações sobre o aluno, incluindo avaliações educacionais, médicas, psicológicas e terapêuticas.

Com base nessas informações, a equipe define metas educacionais específicas e mensuráveis que são relevantes para as necessidades e habilidades do aluno.

São identificados os recursos e apoios necessários para atingir essas metas, incluindo adaptações curriculares, suportes tecnológicos, terapias e serviços de apoio.

3. Conteúdo do PEI:

Identificação do aluno: Nome, idade, diagnóstico de autismo, histórico educacional, perfil de habilidades e necessidades.

Metas e objetivos educacionais: Declarações claras e mensuráveis de habilidades que o aluno deve alcançar em áreas como comunicação, interação social, habilidades acadêmicas, autonomia, entre outros.

Estratégias de ensino: Descrição dos métodos, materiais e recursos pedagógicos que serão utilizados para apoiar o aluno no alcance de suas metas.

Adaptações curriculares: Modificações no currículo regular para atender às necessidades individuais do aluno, garantindo acesso equitativo ao ensino.

Serviços e apoios: Lista dos serviços terapêuticos, suportes tecnológicos, acompanhamento individualizado e outros recursos que serão disponibilizados para o aluno.

Procedimentos de avaliação: Descrição dos métodos de avaliação para monitorar o progresso do aluno em relação às metas estabelecidas e ajustar o PEI conforme necessário.

Cronograma e revisão: Definição de prazos para a implementação das metas e *revisão periódica* do PEI para *avaliar o progresso do aluno e fazer ajustes conforme necessário.*

O PEI é um documento dinâmico que deve ser revisado regularmente para garantir que as estratégias e metas continuem sendo apropriadas e eficazes para o aluno. A colaboração contínua entre a escola, a família e os profissionais envolvidos é essencial para o sucesso do PEI e para promover o desenvolvimento e a inclusão educacional do aluno com autismo.

Epílogo

À medida que chegamos ao final deste livro, é importante lembrar que o autismo não é uma sentença, mas sim o início de uma nova jornada. Para aqueles que estão enfrentando os desafios do autismo, seja como pais, cuidadores, educadores ou indivíduos autistas, é fundamental compreender que há esperança, amor e oportunidades de crescimento em cada passo do caminho.

O autismo pode apresentar desafios únicos e complexos, mas também traz consigo uma riqueza de talentos, perspectivas e potenciais extraordinários. À medida que aprendemos mais sobre o autismo e nos comprometemos a apoiar aqueles que estão no espectro, descobrimos uma nova compreensão do que significa verdadeiramente ser humano.

Nossa jornada não é isenta de dificuldades, mas é na superação desses desafios que encontramos nossa força interior e nossa capacidade de amor incondicional. É através da paciência, da compaixão e do comprometimento que podemos oferecer o melhor suporte e cuidado às pessoas autistas em nossas vidas.

Que este livro tenha sido uma fonte de conhecimento, inspiração e motivação para você. Que ele tenha fornecido ferramentas para compreender melhor o autismo, a promover a inclusão e a aceitação, e a enfrentar os desafios com coragem e determinação.

Lembre-se sempre: *o autismo não define uma pessoa, mas conhecer o transtorno e suas peculiaridades nos ajuda a compreender e auxiliar quem está no espectro. Com amor, compreensão e apoio, podemos criar um mundo mais inclusivo, acolhedor preparado para todas as pessoas, independentemente de estarem ou não no espectro do autismo.*

Que cada passo que você der nesta jornada seja guiado pelo amor, pela esperança e pela crença inabalável no potencial infinito de cada indivíduo autista.

Mégui Bassani

Pensamentos de Bernardo: um espaço pessoal

Nesta seção especial, convido você a mergulhar em pensamentos e conselhos de Bernardo, com uma perspectiva única e pessoal. Aqui Bernardo compartilha algumas de suas reflexões, e conselhos diretamente do coração. Permita-se ser guiado pela sua sabedoria e visão de mundo.

Figura 23 Copyright © Bernardo Brandão

PRONTI?

PAROLA DI *B. Brandao*

"Sono io, Bernardo, esperto in gentilezza, sanità e bontà."

[DEDICA]

Per Mégui, Michel ed Ethan,

"Il nostro cammino è bello e noi desideriamo fare qualsiasi cosa insieme, per esempio dormire o giocare e brilliamo come piccole stelline in cielo. La mia mamma, Mégui, mi aiuta sempre a fare delle cose difficilissime. Il papà Michel, il mio compagno di avventure e allenamento, è il padrone di forza e bontà. Il fratellino, Ethan, è un bambino piccolo, ma coraggioso. Ama i supereroi e il suo piatto preferito è pasta al pesto."

BERNARDO BRANDAO

“Sempre la mamma mi aiuta a fare cose difficili. A scuola faccio cose interessanti: materie (ITALIANO, MATEMATICA, SCIENZE...) e progetti (ARTE, SCACCHI, GITE...).”

“Questo libro serve a calmarsi e imparare l’autismo. Inoltre, questo libro insegna a che cosa si può consumare*, e che cosa, invece, no per un corpo sano!!!”

“Gli altri portano fortuna e mia possibilità di superare tutti i limiti.”

“a volte può capitare di cambiare idea, come Ethan desidera una spada laser e lui compera un fucile.”

“sono diventato tranquillo da quando la mamma mi legge la Bibbia”

“Per calmarmi chiudo gli occhi e penso a una cosa che mi piace.”

Prontos?

Palavras de B. Brandão

"Sou eu, Bernardo, especialista em gentileza, saúde e bondade."

[DEDICATORIA]

Para Mégui, Michel ed Ethan,

" o nosso caminho é belo e nós queremos fazer tudo juntos, por exemplo dormir ou brincar e brilhamos como pequenas estrelas no céu. A minha mãe Mégui me ajuda sempre a fazer as coisas dificilíssimas. O meu pai Michel, o meu companheiro de aventuras e treinamentos, cheio de força e bondade. O meu irmãozinho, Ethan, um menino pequeno, mas corajoso. Adora os super heróis e seu prato preferido é pasta al pesto."

BERNARDO BRANDAO

"sempre a minha mãe me ajuda a fazer coisas difíceis. A escola faço coisas interessantes matérias (ITALIANO, MATEMATICA, CIENCIAS...) e projetos (ARTE, XADREZ, PASSEIOS...)"

"este livro serve para tranquilizar e aprender sobre o autismo, esse livro também ensina o que se pode consumir, ou não, para ter um corpo sadio."

"Os outros trazem sorte e a minha possibilidade de superar os limites."

"às vezes, pode acontecer de mudar de ideia, como Ethan que queria uma espada a laser e ele compra uma pistola de brinquedo."

"eu me tornei tranquilo quando minha mãe começou a ler a Bíblia."

"Para me acalmar, fecho meus olhos e penso em alguma coisa que eu gosto."

Padova – PD 2024

e-mail: meguibassani@yahoo.it

f @decifrando.o.autismo

ISBN: 9798321007136